> 25年、3,000名以上の指導歴

体育のカリスマ家庭教師が伝授

読むだけでどんな運動もできる子になる！

体育家庭教師
スポーティーワン代表
水口高志

すばる舎

はじめに

　現在私は、学校体育の先生や、家庭教師スタイルのスポーツコーチをしています。
　日々、子どもたちに関わっていると、親御さんのこんな言葉をよく耳にします。

「うちの子、運動させようとしても、いやがるんです…」
「親に似てすごく運動音痴で…」
「教えてあげたいのですが、ポイントがわかりません…」
「このままずっと運動ができないままなのでしょうか…」

　といった言葉の数々です。
　わが子の運動能力の低さにがっかりしつつも、「なんとか普通レベルになってほしい…」。
　そんな切実感が親御さんと会話していると、ひしひしと伝わってきます。

　私自身も、今ではこうしてスポーツや運動のコツをお伝えし、指導する立場になっていますが、実は運動が苦手な子どもでした。

「なんでそんなこともできないの!?」「何やっても下手くそだね」
　　→（その結果、「ハーッ」と落ち込む）
「だから、ここにグッと力を一瞬で入れて足をあげて！」
　　→（言われてることはわかるけど、体が思うように動かない…）
「やる気を出して！　やりたくないんだったら帰れ！」
　　→（怖くなって萎縮し、余計に体が硬まってできなくなる…）

　幼少期は、こんな「運動の負のサイクル」に陥っていました。

残念ながら、こういう古い体質のやり方では、運動が苦手な子や自分に自信のない繊細な子には通用しません。

では、どんなやり方が通用するのか？
それを詳しく解説したのが本書です！

　運動が苦手な子ができるようになる最短の方法は、運動の「コツ」をつかむことと、「できる」経験をたくさん積んで自信をつけ、新たな技や種目に挑戦する意欲を燃やすことだと、私は考えています。

　本書では、運動でつまずきがちなポイントを挙げ、それを改善する「コツ」を紹介しています。
　体育が苦手だった親御さんでも簡単に教えられるように、絶対におさえておきたいコツだけを厳選しました。
　子どもに伝わりやすい声かけの具体例も載せています。
　体育テストや運動会直前でも効果抜群の方法ばかり。
　ぜひ、試してみてください！

　本書が、子どもたちにゴールするまでのがんばりや、努力すること、できるようになったときの達成感、ひとつひとつの小さな成功体験を積ませてあげる一助になればと願っています。

　　　　　　　　　　　　　　　　　　　　　　　　水口高志

- はじめに ……………………………………………………………………… 2
- この本の使い方 ……………………………………………………………… 8

第1章 コツをつかめば、どんな運動も必ずできるようになる！

- 「できない」のではなく「体を動かすコツ」を知らないだけ ……………… 10
- 体育が苦手だった親もカンタンに教えられる ……………………………… 12
- どの子にも運動能力を伸ばせる時期がやってくる ………………………… 14
- 運動種目にはそれぞれやる意味がある ……………………………………… 16
- 大切なのは「ムダな力を抜く」こと ………………………………………… 18

第2章 走るコツ

1 短距離 …………………………………………………………………… 22
➡ 「腕振り」「足あげ」「スタート姿勢」で足は必ず速くなる！
- ✕ つまずきポイント 1　わきが開いている
- ✕ つまずきポイント 2　太ももがあがっていない
- ✕ つまずきポイント 3　スタート時、体が沈み込んでいる

2 長距離 …………………………………………………………………… 28
➡ 「小さな歩幅」「手は小振り」が完走のカギ
- ✕ つまずきポイント　最初から最後まで全力疾走

第3章 ジャンプのコツ

1 短縄：前跳び ……………………………………………………………… 32
➡ 「手は腰位置」「つま先着地」で連続ジャンプが実現！
- ✕ つまずきポイント 1　肩から大きく振りかぶっている
- ✕ つまずきポイント 2　足裏をベタッと地面につけている
- 跳び方いろいろ（後ろ跳び、交差跳び、あや跳び、二重跳び）

2 長縄 ─────────── 40
➡ タイミングさえつかめば確実に跳べる！
- ✘ つまずきポイント1　（跳ぶ）縄に入るタイミングがわからない
- ✘ つまずきポイント2　（跳ぶ）高く跳びすぎている
- ✘ つまずきポイント3　（回す）腕の力だけで縄を回している

3 跳び箱 ─────────── 44
➡「踏切」「手をつく位置」の2つに注意！
- ✘ つまずきポイント1　踏みきるとき両足がそろっていない
- ✘ つまずきポイント2　手をつく位置が手前すぎる

4 立ち幅跳び ─────────── 48
➡「腕の振り」+「ひざの屈伸」で勢いをつける
- ✘ つまずきポイント　腕を動かしていない

5 垂直跳び ─────────── 50
➡「真上にジャンプ」「指先タッチ」が重要
- ✘ つまずきポイント　手のひらで壁を叩いている

第4章　遊具を使いこなすコツ

1 鉄棒：前回り ─────────── 54
➡「体を丸めてゆっくり回る」で前回りはバッチリ！
- ✘ つまずきポイント1　腕で体を支えられない
- ✘ つまずきポイント2　怖くて回れない

2 鉄棒：逆あがり ─────────── 56
➡「1、2、3のリズム」で足を振りあげれば必ず回れる！
- ✘ つまずきポイント1　足を前後に開いていない
- ✘ つまずきポイント2　力まかせに足をあげている
- ✘ つまずきポイント3　両足をほぼ同時に振りあげてしまう

3 うんてい ─────────── 62
➡ 渡りきるコツは「前後にブラブラ揺れながら」
- ✘ つまずきポイント1　棒から手を離せない
- ✘ つまずきポイント2　前の棒に手が届かない

4 のぼり棒 ─────────── 64
➡ 両足の裏で棒を挟んだら、あとは上に登るだけ
- ✘ つまずきポイント1　手の力だけでぶらさがっている
- ✘ つまずきポイント2　下に落ちるのが怖くて動けない

5 自転車 ─────────── 66
➡「バランス感覚」を鍛えるだけでスイスイこげる！
- ✘ つまずきポイント1　上半身が前に傾きすぎ
- ✘ つまずきポイント2　手元がふらつく

第5章 マット運動のコツ

1 マット運動：前転 —————————————————— 70
→ 重要なのは「手のつき方」と「頭のつく位置」
　✗ つまずきポイント1　手が前後に開いている
　✗ つまずきポイント2　頭頂部を床につけている
　✗ つまずきポイント3　ひざが開いている

2 マット運動：後転 —————————————————— 74
→ 「両手を開く」「腰をあげる」でまっすぐ回れる！
　✗ つまずきポイント1　手がグーになっている
　✗ つまずきポイント2　回転中に体が横に倒れてしまう
　✗ つまずきポイント3　ひざから着地してしまう

3 倒立 ———————————————————————— 78
→ 手首からつま先まで。全関節に力を入れてまっすぐに！
　✗ つまずきポイント　手首やひじが曲がっている

4 側転 ———————————————————————— 80
→ 「1、2、3、4、5」のリズムを意識すればヒョイッと回れる！
　✗ つまずきポイント1　腰が引ける＆回り方がわからない
　✗ つまずきポイント2　足がまっすぐあがらない

第6章 ボールを扱うコツ

1 ボールを投げる —————————————————— 88
→ 最後まで腕を振りきれば狙い通りに投げられる
　✗ つまずきポイント1　腕の力だけで投げている
　✗ つまずきポイント2　狙った方向を見ていない

2 ボールをキャッチする ——————————————— 92
→ キャッチのコツは「目と腕でしっかりとらえる」こと
　✗ つまずきポイント1　手だけ伸ばしてキャッチ
　✗ つまずきポイント2　ボールを横から挟んでいる

3 ボールを手でドリブルする ————————————— 94
→ 視線は進行方向。手に力を入れすぎない！
　✗ つまずきポイント1　ひじや手首が伸びている
　✗ つまずきポイント2　ボールばかり見ている

4 ボールを足で受ける・蹴る ————————————— 96
→ 足の「内側」にボールをあてるとコントロールがきく！
　✗ つまずきポイント1　足だけを伸ばして止めようとしている
　✗ つまずきポイント2　つま先で蹴ってパスしている

- × つまずきポイント3　シュートのとき、つま先にあてててしまう
- 5 ボールを足でドリブルする　　　　　　　　　　　　　　　100
  - → 重要なのは「体からボールを遠ざけない」こと
    - × つまずきポイント1　ボールばかり見ている
    - × つまずきポイント2　足とボールの距離が広く開いている

第7章　水泳のコツ

- 1 けのび・バタ足　　　　　　　　　　　　　　　　　　　104
  - → 「体を一直線」にするだけでグンッと前進
    - × つまずきポイント1　ひじが曲がっている
    - × つまずきポイント2　ひざを曲げすぎている
- 2 クロール　　　　　　　　　　　　　　　　　　　　　　108
  - → 「水を縦にかく」「息つぎは横向き」でスピードUP
    - × つまずきポイント1　水を横にかいている
    - × つまずきポイント2　息つぎのとき顔が前にあがっている
- 3 平泳ぎ　　　　　　　　　　　　　　　　　　　　　　　112
  - → 手足の動かし方をマスターできれば一気に上達！
    - × つまずきポイント1　おなかの前で水をかいている
    - × つまずきポイント2　足の甲で水を蹴っている
- 4 背泳ぎ　　　　　　　　　　　　　　　　　　　　　　　114
  - → 「おへそをあげる」「水を横にかく」がカギ
    - × つまずきポイント1　下半身がさがっている
    - × つまずきポイント2　水を下にかいている

第8章　運動嫌いな子をやる気にさせるコツ

- ● 運動したがらない子を動かすコツ　　　　　　　　　　　118
  - TYPE1　消極的な子には…
  - TYPE2　積極的な子には…
  - 気になる！　「すぐにできる子」と「できない子」の違い
- ● 家庭でできる簡単トレーニング　　　　　　　　　　　　122
  - 靴紐結び伸縮／窓拭きお手伝い肩甲骨／つま先立ち歯磨き／手首スナップ／タオル股関節／腹筋ふたり競争／パパママ駆けあがり／手押し車／握りこぶしあごタッチ腕立て／飛行機背筋

この本の使い方

本書は8章構成です。

第1章では、「体を動かすコツ」に関する読み物を掲載しています。

第2～7章では、運動の種目ごとに子どもが実際に「つまずく」ポイントと、それに対する「教え方」を掲載しています（下図）。

第8章では、なかなか運動しようとしない子どもをやる気にさせるコツや、ご家庭でできる簡単なトレーニング方法を紹介しています。

見出し
そのページでとりあげる種目です。体力テスト該当種目には、別途アイコンをつけています。

つまずきポイント
子どもが「どんなところにつまずきやすいのか」を具体的に紹介しています。

よくなるコツ
どこを変えるとよくなるのか、できるようになるコツを紹介しています。

ステップ
重要な種目には、動きにあわせて「できるポイント」を紹介しています。

親の声かけ
子どもに伝わりやすい言葉です。実際に、試してみてください。

練習、コラムなど
効果的な練習や、内容に関連したコラムなどを紹介しています。

第1章

コツをつかめば、
どんな運動も
必ずできるようになる！

「できない」のではなく「体を動かすコツ」を知らないだけ

　親御さんと話をしていると、よく耳にするのが、「教えるポイントがわからない」ということです。

　走るのが遅いわが子。
　勉強と同じように家庭で教えようと思っても、
「速く腕を振って‼」
「もっと速く足を動かさなきゃだめでしょ‼」
と、やみくもに練習をさせてしまう。
　結局、子どもはできなくて、いやになり練習を投げ出す…。

　こうした経験に、思い当たる節がある親御さんも多いのではないでしょうか？

　これは「運動ができない」のではありません。「体を動かすコツ」を知らないことが原因です。
　勉強と同じように、それぞれの運動には必ず「こうするとうまくいく」という「コツ」的なものがあります。
　たとえば「かけっこのスタート時は、一歩目に踏み出す足を後ろにさげる」とか、「逆あがりは『1、2、3』のリズムでスピードを出す」とか、「背泳ぎは下ではなく横にかく」とか…。
　こうしたちょっとしたコツを知るだけでも、できるようになるまでの時間や回数を一気に短縮できます。

　その「コツ」をお子さんに正しく伝えられたら、どんな運動も必ずできるようになります！

1 コツをつかめば、どんな運動も必ずできるようになる！

体育が苦手だった親も
カンタンに教えられる

　子どもに「運動を教える」といっても、体育が苦手だった親御さんには気が重いものですよね。うまく教えられる自信もありません。
　もしコーチがいれば、不足点を指摘してもらえますが、親御さんしかいない場合は、どこが悪いかもわからないと思います。
　そんなときは、かけっこの場合だと、速く走れるコツ「腕振り」「足あげ」「スタート姿勢」の3つをやらせてみましょう。
　そのなかで上手にできたところ、やりやすかったところを聞いてみて、さらにそれをやらせてみます。すると、子どもも「できる」ことで自信がつき、やる気になります。
　逆に、本人がやりにくいと思っているところをやろうとすると、簡単にはできないので、新しい技やレベルに挑戦する段階になかなか進めません。先に、やりやすいところをクリアさせてから、やりにくいところに挑戦させるのがおすすめです。
　本書では種目ごとに「よくなるコツ」を紹介しています。短く簡潔にまとめましたので、運動が苦手な親御さんでも教えやすいと思います。ぜひ参考にしてみてください。

　一方で、運動が苦手な親御さんだからこそ教えられるコツもあります。それは、「できなかった」という経験です。
　あるお母さんは、5歳の息子さんの自転車の補助輪がとれないことを気にしていました。
　聞いてみると、そのお母さんも子どもの頃、なかなか補助輪がとれなかったとのこと。5歳のとき、毎週末、父親と練習していた。アスファルトの上でよく転んで痛かった。後ろの手を離されるのが怖かった。乗れるようになったときは、すごくうれしかったそうです。
　このお母さんに、ご自身の体験をお子さんに伝えてみたら?と勧めてみたところ、後日、こんなご報告をいただきました。

「お母さんは補助輪がとれるまでに3カ月かかったの。お母さんとどっちが早くに補助輪がとれるか競争しない？」と息子さんを誘ってみたところ、息子さんは俄然やる気になって練習するようになった、とのこと。

みなさんにも当時、できなくて練習した経験があったと思います。そのときのことを思い出してみてください。
「それは何歳頃のことですか？」「どのように練習していましたか？」「できるようになったときの感覚を覚えていますか？」
振り返ってみると、いいことや悪いこと、いろいろな思い出がよみがえってくると思います。
できなかったからこそ失敗談もたくさんあるはず。それを伝えてあげるだけで、子どももやる気になります。
お子さんが今できている「当たり前」のことも、実は幼少期の自分はできなかったかもしれません。
すると、だんだんと温かい気持ちになって、お子さんにもゆとりを持って接することができるでしょう。

どの子にも運動能力を伸ばせる時期がやってくる

　多くのスポーツ指導者や教育関係者たちが参考にしていることで有名な「スキャモンの発育曲線」というグラフがあります。
　20歳の成人を100％とし、4つの型に分けて誕生から成人までの発達度合いをグラフ化したものです。

　なかでも運動機能の発達に特に関係するのが、幼児期に急速に発育する「神経型」です。誕生から6歳頃までに9割程度の発達を遂げます。

　この神経型が著しく発達する5〜8歳頃の時期を「プレゴールデンエイジ」と言い、この時期にしっかり運動しておくことが将来の運動能力の基礎になるとも言われています。

　しかし、8歳以降でも神経型を強化することはできます。
　私が指導していたなかに、8歳ぐらいで跳び箱を跳べない、跳び箱に手をつくこともできなかった子がいました。
　しかし、その子は10歳ぐらいのときには、手をつかずに跳び箱を跳び越えられるぐらいになっていました（とくに運動能力が高いわけではなく、平均的な能力を持つ子どもです）。
　このように時期が遅くても、潜在能力が引き出される可能性は多いにあるようです。

　これをふまえて、「そもそも、うちの子には運動能力が備わっていない」「できない」と思い込んでしまっている親御さんにお伝えしたいことがあります。
　それは、「できるようになるまでに、人によって"かかる時間や回数が違う"」ということです。

どの子にも平均レベルの運動能力は備わっていますし、環境によっては、突出した運動能力を発揮する競技種目が出てくるかもしれません。

　この発達曲線は、あくまで一般的な集計結果です。
　皆が皆、同じような環境で生活しているわけではありませんので、人によって発達度合いは異なります。曲線通りにはいきません。
　できないということは、まだのびしろがあるということ。
　焦らずに、お子さんの成長を温かく見守ってあげてください。

スキャモンの発育曲線

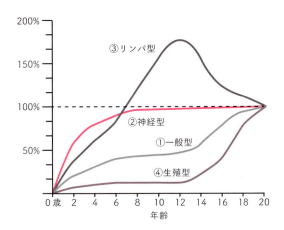

①一般型…身長や体重、筋肉、骨格などの成長を示したもの
②神経系…脳や脊髄、視覚器などの神経系や感覚器系の成長を示したもの
③リンパ型…胸腺などのリンパ組織の成長を示したもの
④生殖型…男性や女性の生殖器、乳房、咽頭などの成長を示したもの

運動種目には
それぞれやる意味がある

子どもに運動を教えていると「なんでこんなことやらなきゃいけないの?」と聞かれることがあります。

そもそも、運動は何のために必要なのでしょうか?

それは「自分の身を自分で守れるようにする」ためです。

運動はピラミッド構造になっていて、一番根底にあるのが、この「自分の身を自分で守る」です。すべてがつながっていて、体力や筋力がなければ、技は磨けません。「体力」や「筋力」の土台の上に「技術」の習得があります。

身を守るためには、基礎体力をつけて健康な体をつくる必要があります。体力をつけるためには、日頃から適度な運動が必要です。

手始めとしては、ストレッチ的な「ラジオ体操」あたりからやってみるのがおすすめです。ラジオ体操には伸縮の動きが含まれているので、体をほぐして目覚めさせるのに最適です。

基礎体力を身につける順番としては、まずストレッチや準備運動でピラミッドの土台を築いてから、体力や筋力を身につけるトレーニングを行うのがいいでしょう。そのあとに技術を習得すると、身につくスピードが早いです。

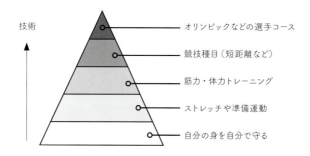

技術が必要な各種目には、それぞれやる意味があります。

　たとえば、「走る」は、すべての運動の基本になる動作を養います。瞬時に逃げる瞬発力、足の速さ、持久力は、身を守るうえで大切な要素です。
　「マット運動」は、柔軟性を養うために行います。やわらかく柔軟に動けると、けがを最小限に抑えられます。転んだときなどに大事な頭を守ることができます。
　「鉄棒」は自分の体を支えるだけの腕の筋力を身につけるために行います。回転することで養われる平衡感覚は、歩いたり走ったり、自転車に乗るときのバランス感覚につながります。
　「跳び箱」は、転んだとき、とっさに手を前に出して大切な脳や顔を守れるように、体を支える腕の筋力を鍛えるために行います。
　「倒立」は内臓強化のため、「水泳」は心肺機能の強化のために行います。

　子どもに運動種目のやる意味を聞かれたときに答えてあげられるといいですね。

大切なのは「ムダな力を抜く」こと

　運動に慣れていない子や苦手な子は、「全身にグーッと力を入れてやれば、できるようになる」と思っている節があります。
　「力一杯走れば速くなる」「力を入れたらボールを遠くに跳ばせる」というふうに。
　そして、「力を入れることが頑張ること」だと勘違いしている子もいます。
　しかし、どんなに力を入れても、できるようにはなりません。力が入りすぎていると、ひじやひざが伸びたり、動きが硬くなって、思うように動けなくなるだけです。

　運動ができる子というのは、実は力を抜いています。
　たとえば走るときもムダな力が入っていないので、手足の動きが伸びやかになり、ストライドが大きくなってスピード出せます。
　逆に余計な力が入ると、スタートダッシュが遅れたり、走り方が不自然になり、速く走れなかったりします。
　力が入りすぎると、ボールを投げるときにも、手があがりにくくなって腕の振りが鈍くなり、予期せぬ方向へボールが跳んでいってしまうこともあります。
　一方、力を抜いていると、腕をしっかり伸ばせるので、遠くにボールを投げられます。

　運動が苦手な子のなかには、できなくて他の子から笑われたなどのいやな経験があって、いざというときに緊張してしまう子もいます。結果、動きが鈍り、体が硬まってしまい、なかなかできるようになりません。

そうならないためにも、運動をする前に余分な力を抜く習慣を身につけるといいでしょう。

下に簡単な方法を紹介します。
たったこれだけで、余分な力が抜けたリラックスした状態になり、スムーズに体を動かすことができます。数回繰り返してもいいです。

低学年の子は、「自分の体にムダな力が入っている」ということに自ら気づくのが難しいです。まわりにいる大人がそれに気づいて、指摘してあげるといいでしょう。

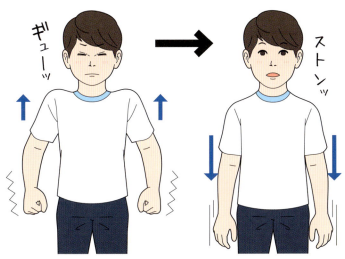

①両肩を上にあげて「もう限界」というぐらいギューッと全身に力を入れる。

②ストンッと一気に力を抜く。

体から余分な力が抜けたところで…。
さっそく気になるところから、
ページをめくってみてください。

第 2 章

走るコツ

1 体力テスト該当種目

短距離

走り方がぎこちない。速く走れない…
→「腕振り」「足あげ」「スタート姿勢」で足は必ず速くなる！

足の遅い子の多くは、手と足の動かし方が小さいです。手足を体の前後に大きく動かすと、歩幅も広がって速く走れるようになります。

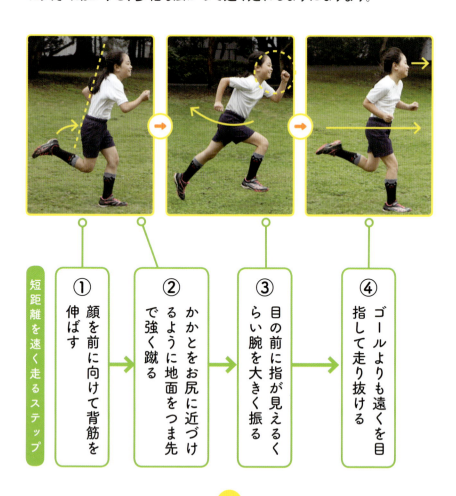

短距離を速く走るステップ

① 顔を前に向けて背筋を伸ばす

② かかとをお尻に近づけるように地面をつま先で強く蹴る

③ 目の前に指が見えるくらい腕を大きく振る

④ ゴールよりも遠くを目指して走り抜ける

❌ つまずきポイント 1　わきが開いている

腕が横に開いている

ひじが伸びている

ダメな理由

わきが開いた状態では、ひじを真後ろに引けず、力を入れられない。力を抜きすぎて腕が下にダランと伸びている状態もNG。

⭕ よくなるコツ　ひじを大きく後ろに引く

正面を見る

ひじが90度になるように

親の声かけ
背中の羽根（肩甲骨）を大きく動かして！

解説

腕を後ろに大きく引くだけで、わきが締まり背筋がまっすぐに。横ではなく前後に腕を振ろう！

腕を大きく動かす練習「ひじタッチ」

子どもの後ろに立ち、両手を構えてひじをあてさせ、腕を後ろに引く感覚を体で覚えさせましょう。

2 走るコツ

✕ つまずきポイント 2　太ももがあがっていない

ひざが腰位置よりも低い

ダメな理由
足を高くあげないと、動きが小さくなり、一歩で進む幅が短くなって、スピードも出ない。

○ よくなるコツ　太ももを腰の高さで突きあげる

前に突き出すようにあげる

つま先で地面を力強く蹴る

親の声かけ
ボールを蹴りあげるように！

解説
足を大きく動かすことで、スピードが出る。

足を大きく動かす練習①「ひざタッチ」
子どもの腰位置で両手を下向きに構え、ひざを左右交互にあてさせます。

✕ つまずきポイント 3　スタート時、体が沈み込んでいる

- 目線が下向き
- 上半身を倒しすぎ
- これはスタンディングスタート※

ダメな理由
体を沈ませすぎると、ダッシュするとき上半身を起こすのに時間がかかってしまう。

※陸上競技の短距離走で見る、地面に両手をつき体を沈めたスタート姿勢「クラウチングスタート」とは別物。構え方のポイントが異なるので、マネをして体を沈めても、素早いスタートがきれない。

○ よくなるコツ　前傾姿勢でゴールを見る

- 「ドンッ!」で地面を強くキック
- 一歩目に出す足を後ろに引く
- 「よーい」で前足のつま先に体重をかける

解説
足を前後に構える。後ろ足のかかとをあげると、素早く力強い一歩目が踏み出せる。スタートしたら少しずつ体を起こし、顔を前に向ける。

親の声かけ
後ろ足のかかとをあげて!

2 走るコツ

人には利き足がある！

手に利き手があるように、足にも「利き足」があります。利き足とは、力を入れやすい足のこと。強く踏み込むことができます。P25のスタートの姿勢で、利き足を後ろに引いて構えると、素早く力強いロケットスタートがきれます。

＜利き足の見極め方＞

まず両足で立ち、前方にゆっくり倒れていきます。

「倒れそう！」と思った瞬間、前に出た足があなたの利き足です。写真の場合は、右足が利き足。

足を大きく動かす練習②「かかとタッチ」

ひざを曲げて、かかとをお尻にあてるぐらいまであげると、もっと速く走れます。左右交互にリズムよく、かかとをあげられるように。

瞬発力を強化する練習「ボール転がしキャッチ」

後ろからボールを投げます。子どもはボールが足元に見えた瞬間、飛び出しキャッチ。瞬発力を強化。

コーナリングでふくらまないように…

●**体を内側に傾ける！**
コーナリングは、遠心力がはたらいて外側にふくらみがち。スピードが落ちてしまうことが多いのですが、体を内側に傾けることで、ふくらみを抑えることができ、スピードの減速も抑えられます。

コラム
リレーのときバトンはこう渡す！

バトンを受け渡しするときは、利き手に関係なく、右手で受けとったら、走っている最中に左手に持ちかえ、相手の右手にバトンを渡します。
受け渡し時に「ハイッ」と声をかけあうと、スムーズに受け渡しができます。

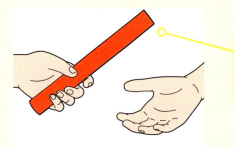

家庭で練習するときは、キッチンペーパーやサランラップの芯などをバトン代わりにしても

●**オーバーハンドパス**
止まっている次走者の近くまで走っていき、上からバトンを渡す方法（上図）。確実に渡せるメリットがあるが、スピードは落ちる。

●**アンダーハンドパス**
走り出した次走者を追いかけながら、下からスッとバトンを渡す方法。トップスピードを落とさず受け渡しできるが、勢い余って落としてしまうことも。

2 長距離

体力テスト該当種目

すぐに息切れ。最後まで走りきれない…
→「小さな歩幅」「手は小振り」が完走のカギ

長距離走が苦手な子は、走っている途中に動悸や息切れが激しくなって、最後まで走りきれないことも…。小走りするとラクに走れます。

✗ つまずきポイント　最初から最後まで全力疾走

ストライドが大きい

ダメな理由

長い距離を走りきるには、スタミナと体力が必要。最初から飛ばすと、スタミナが持たず、完走する前にバテてしまう。

◯ よくなるコツ　腕を小さく振る

太ももをあげすぎず、歩幅は小さく

親の声かけ：スキーのストックをつくイメージで

解説

腕の振りが小さくなると、歩幅も狭くなる。小指を下に叩きつける感覚で腕を振る。

呼吸のリズムを意識する練習「スッスッハー」のリズム

「吸って吸って吐く」または「吸って吐く」。走るスピードにあわせて呼吸するリズムを意識すると、長い距離でもラクに走れます。

コラム

速く走れる靴選びのポイント

速く走るためには靴選びも大切。
靴がゆるいと、力が入らず、長く走ると、すれて足が痛くなることも…。
選ぶときは、紐やマジックテープがついたものを選び、靴のなかで足が泳がないようにきつく締めて履くといいでしょう。
適切なサイズは、かかとをトントンとあわせたとき、つま先に1～1.5cmの余裕があるもの。つま先がパンパンすぎると、成長を止めてしまう危険もあるので注意してください。

● 短距離向け
靴底が薄めで軽く、底に凹凸のあるものがおすすめ。
土踏まずの部分が深く凹んでいるのが特徴。
履いたときに凹凸を感じられるほうが地面にフィットしやすい。
凹凸が刷り減らないように、練習や本番のときにだけ靴を履くようにしましょう。

底に凸凹がある

● 長距離向け
靴の底がフラットで厚めのものが、足への負担がかからず長く走れます。
土踏まずの部分は浅め。短距離向けの靴とは違い、履きならして足にフィットする感覚をつかんでおくほうがいいでしょう。
ただし、履き潰しには注意してください。

底がフラット

● コーナリング向け
左回りのコーナーで、回りきれず転倒してしまう子もちらほら見かけます。
遠心力で外に流されないように、足の底側に左右非対称にスパイクがついた靴も販売されています。「瞬足」（アキレス株式会社）など。

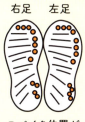
スパイク位置が
左右非対称
（下から見た場合）

第 3 章

ジャンプの
コツ

1 短縄：前跳び

足に縄がよくひっかかる。跳び方が重々しい…
→「手は腰位置」「つま先着地」で連続ジャンプが実現！

縄跳びが苦手な子には、わきを開いて縄を大きく回している子が多いですが、わきを締めて腰の位置で回すようにすると、跳びやすくなります。

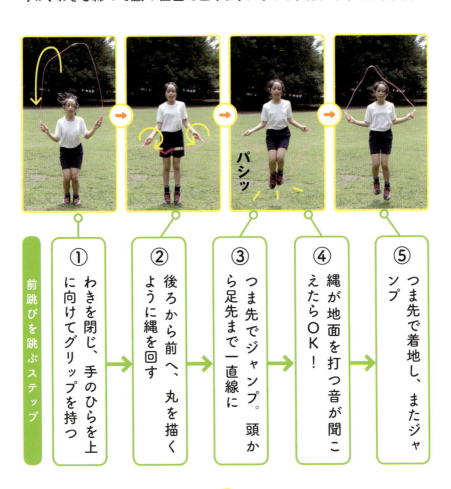

前跳びを跳ぶステップ

① わきを閉じ、手のひらを上に向けてグリップを持つ

② 後ろから前へ、丸を描くように縄を回す

③ つま先でジャンプ。頭から足先まで一直線に

④ 縄が地面を打つ音が聞こえたらOK！

⑤ つま先で着地し、またジャンプ

✕ つまずきポイント 1　肩から大きく振りかぶっている

- 縄がたるんでいる
- わきが開いてる
- 腕が横に広がってる
- 足元を見ながら跳んでいる

ダメな理由

「縄を大きく回せばひっかからない」と思いがちだが、実は逆。地面から縄が浮き、足がひっかかりやすくなる。

◯ よくなるコツ　わきを締めて回す

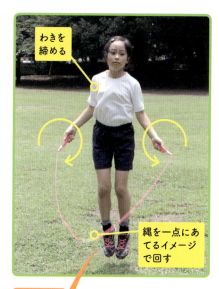

- わきを締める
- 縄を一点にあてるイメージで回す

親の声かけ
親指で丸を描くように縄を回そう

解説

腰の位置で、ひじから先の部分を「後ろから前へ丸を描く」ように回す。

跳びやすい縄の長さ

片足で縄を踏み、両手でグリップを握って引きあげたとき、胸の位置にくる長さがベストです。

グリップは、小指、薬指、中指の3本で握り、人差し指と親指は軽く添える感じで

3　ジャンプのコツ

✕ つまずきポイント 2　足裏をベタッと地面につけている

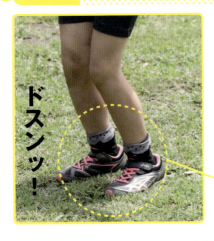

ドスンッ！

ダメな理由

足を踏みしめるように跳ぶのはNG。足裏全体で着地すると、足が弾まず、うまく跳びあがれない。

地面に足裏全体がベッタリ

○ よくなるコツ　つま先立ちでジャンプ

ピョンッ！

解説

つま先で着地して、そのとき地面からうけた反動でジャンプする。頭の先からつま先まで一直線になるよう意識して跳ぶと、リズムよく軽やかに跳べる。

親の声かけ
着地した瞬間に跳びはねてごらん

新聞紙グリップ

グリップ部分を伸ばして跳びやすくする方法。
縄を固定する範囲を広げると、縄がうねりにくくなって跳びやすくなります。

新聞紙でグリップをくるみ、テープでとめます。

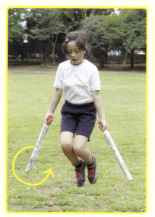

縄跳びに慣れていない小さい子も、このやり方だと跳べます。

同じ位置で跳ぶヒント

跳ぶことに慣れていないと、同じ場所で跳び続けることが難しかったりします。

跳んでいるうちに跳び位置がズレてしまうときは、写真のように地面にコーンを置いて、外にはみ出さないように意識して跳んでみるといいでしょう。

コーンがない場合は、何か目印になりそうなもので代用してもOKです。

跳び方いろいろ

跳び方のバリエーションが身につくと、縄跳びがもっと楽しくなります。
前跳び以外の、基本的な跳び方のコツを大公開！

後ろ跳び

前跳びと同じように、後ろ跳びでも、縄を肩から回してしまう子が多いです。
結果、縄を回すスピードが遅くなり、ジャンプするタイミングとあわず、縄にひっかかってしまいます。

わきを締める

前から後ろへ丸を描くように大きめに回す

親の声かけ
前から後ろへ
地面に縄をこするように

<縄の長さ>
前跳びと同じ

跳んでいくうちに、わきが開いて縄の高さがあがり、足がひっかかってしまうことがあります。絶えず、わきを締めて跳ぶように意識しましょう。

交差跳び

どのように腕を交差して跳べばいいのかわからない子が多いです。まずは腕でバツをつくる練習から始めましょう。

①止まった状態で、手を交差してバツをつくったら、縄をまたいで後ろに回します。

②腕をバッテンにしたまま、後ろから前に縄を回して、再び、またぎます。

③ある程度、縄を後ろから前に回せるようになったら、連続して跳んでみましょう。

親の声かけ
体を小さく丸めてジャンプ

両腕をしっかり交差

＜縄の長さ＞
交差したとき、できるだけ体がひっかからないように長めがおすすめ。前跳び用より、プラス5〜10cm

あや跳び

「交差跳び」をマスターしてから「あや跳び」に挑戦すると、習得が早いです。

親の声かけ
腕で大きなバツをつくってジャンプ

親の声かけ
腕を大きく開いてジャンプ

①腕を交差した状態でジャンプ　②腕を開いた状態でジャンプ

交差した状態と、開いた状態で、1回ずつしっかり跳べるようになったら、連続して跳んでみましょう。

二重跳び

跳べなくて、多くの子どもがつまずく「二重跳び」。
前跳びができるからといって、すぐに跳べるわけではなく、跳べる目安としては、前跳びを「5分間」連続してできるようになったぐらいでしょうか…。
二重跳びを跳べるようになるコツは、次の3つです。

親の声かけ
ジャンプと同時に手首を素早く2回回そう

①高くジャンプ
足が縄にひっかからないように。

②手首を、できる限り速く回す
1回ジャンプしている間に2回、縄を回せるように。
前跳びをしながら、スピードの強弱をつけて縄を回す練習をしていくと、速く縄を回せるようになってくる。

③縄は短め
できるだけ速く縄を回せるように、回転距離は短めに。
前跳び用より、マイナス5〜10㎝。

二重跳びができるようになる、おすすめ練習

●1回ジャンプ2回拍手

1回ジャンプしながら空中で素早く2回手を叩きます。
手を叩くのと同じリズムで、縄跳びを2度回すイメージで、手を叩きながら、縄を回すリズム感をつかみます。

このとき、頭から足の先までが一直線になるように意識して。
この姿勢でジャンプできると、連続して跳べるようになります。

パンッパンッ

●前跳びつなぎ

「どんなに着地の体勢が悪くなっても途中で止めない」ことが、二重跳びを連続して跳べるようになるコツ。
1回跳んだら、そこで止まらずに前跳びをつなぎに入れ、体勢を整えながら、再び二重跳びに挑戦します。

はじめのうちは、高く跳んで縄を速く回すだけで精一杯なので、左のイラストのようにひざを曲げた状態でもOK。
何度も跳び続けていくうちに、曲がっていたひざが伸びて、足がまっすぐになってきます。

ひざを曲げて高く跳んでいたのが… → くの字の姿勢になって… → まっすぐの姿勢に！

2 長縄

怖くて縄に入れない。跳び続けられない…
→ タイミングさえつかめば確実に跳べる！

長縄で難しいのは「タイミング」。縄に入るタイミングや、ジャンプするときのタイミングをつかめば、何回も跳べるようになります。

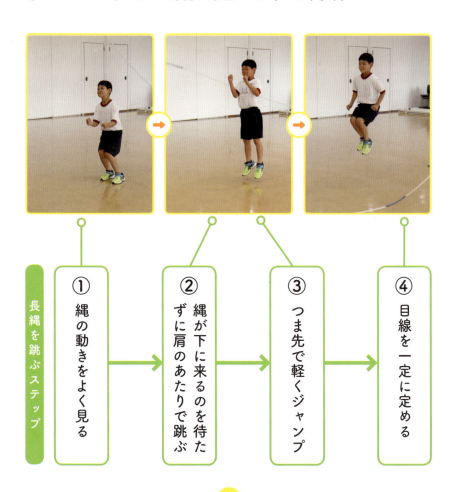

長縄を跳ぶステップ

① 縄の動きをよく見る
② 縄が下に来るのを待たずに肩のあたりで跳ぶ
③ つま先で軽くジャンプ
④ 目線を一定に定める

✕ つまずきポイント 1　（跳ぶ）縄に入るタイミングがわからない

縄に入る直前で止まってしまう

足がひっかかってしまう

ダメな理由

縄にあたるのが怖くて腰が引けてしまう子が多く、結果、縄に入っていけない。縄に突っ込んでいくタイミングが悪くて、ひっかかってしまうこともある。

○ よくなるコツ　縄が目線の高さを通った瞬間に入る

親の声かけ：縄が目の高さにきたらダッシュ！

解説

縄が目の高さを通過するタイミングに合わせて、縄に向かって走り出すといい。縄に対して垂直ではなく、斜めに入ると、うまく入れる。

縄を回す方向と恐怖心

縄の回し方によっても、子どもが受ける恐怖心は異なります。
慣れない子には、ゆっくりと下から縄を回してあげたほうがいいでしょう。

3　ジャンプのコツ

✕ つまずきポイント2 （跳ぶ）高く跳びすぎている

- 下を見ている
- ひざが曲がりすぎ

ダメな理由

高く跳ぶと、息があがる、ふくらはぎが張るなど、体力を消耗しやすく、長く跳び続けることができない。
足元ばかり見ていると、「跳ばなきゃ」と焦って、不必要な力が入ってしまう。

○ よくなるコツ ひざの力を抜いて軽くジャンプする

- 目線は一定に
- 親の声かけ：ターゲットに視線を一点集中！

解説

ひざに力を入れないで低めに跳ぶと、長く跳び続けられる。正面から斜め下のどこかに、一点ターゲットを決め、そこから目を離さないようにすると、安定して跳ぶことができる。

縄から出るときのコツ

縄を跳んだら、縄の動きとは反対の方向へ走り出します。
とはいえ、心の準備がないと、なかなか走り出せないものです。
縄から出るポイントは、前のジャンプのとき心がまえをすること。「次のジャンプで出るぞ！」と気合いを入れると、うまく出られます！

✕ つまずきポイント 3 （回す）腕の力だけで縄を回している

直立不動の姿勢

ダメな理由
ひじから下だけを使って縄を回そうとすると、小さな丸しか描けない。縄が地面から浮きやすくなり、跳ぶ側も跳びにくい。

3 ジャンプのコツ

⭕ よくなるコツ　全身を使って縄を大きく回す

親の声かけ
ひざを曲げて地面をこするように

親の声かけ
腕を伸ばして大きな丸を描いて

解説
ひざを曲げて低い位置で、ひざと腕を伸ばして高い位置で。全身で大きな丸を描くように意識して回すと、うまく回せる。

3 跳び箱

ぶつかりそうで怖い。跳び越せない…
→「踏切」「手をつく位置」の2つに注意！

せっかく助走をつけても、跳び箱を前にすると怖くて止まってしまう子が多いですが、両足で板を強く蹴ってジャンプすれば勢いで跳べます！

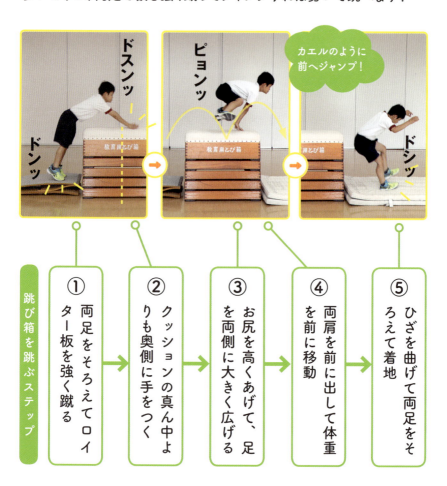

跳び箱を跳ぶステップ

① 両足をそろえてロイター板を強く蹴る
② クッションの真ん中よりも奥側に手をつく
③ お尻を高くあげて、足を両側に大きく広げる
④ 両肩を前に出して体重を前に移動
⑤ ひざを曲げて両足をそろえて着地

✕ つまずきポイント 1　踏みきるとき両足がそろっていない

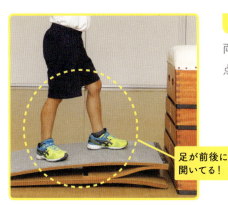

ダメな理由

両足がチョキの形に開いていると、一点に体重をのせられず、高く跳べない。

足が前後に開いてる！

○ よくなるコツ　両足をそろえて跳ぶ

板の上で、ドンッと勢いよくジャンプ

解説

跳び箱は、両足がそろっていないと、うまく跳べない。はじめのうちは助走をしないで、ロイター板の上で両足ジャンプの練習だけでもOK。

親の声かけ
足をグーの形でジャンプ

3 ジャンプのコツ

✕ つまずきポイント 2　手をつく位置が手前すぎる

指先を横に向けて手をつくのは危険

こんなに手前！

ダメな理由

跳び箱が苦手な子の多くが、手のつき方に問題を抱えている。
手前につきすぎると、跳び越すまでの距離が長くなって跳び越えられない。指先が横に向いていると、手が外側に滑って落下してしまう危険もある。

○ よくなるコツ　中心よりも奥で両手をつく

跳び箱の中心 ↓

親の声かけ
真上からドスンと「パータッチ」！

解説

手をつく場所は跳び箱の中心より奥。この位置まで手を運べたら、ほぼ跳べたも同然。指先を前に向けて開き、両手でしっかり体重を支えよう！

跳び箱の代わりになるもの

跳び箱の代わりに、公園に埋まったタイヤや、固めの段ボール箱を何枚か重ねて高さと厚みを出したもの（ビニール紐とガムテープで固定）などを使って練習をしてもいいですね。

跳び箱の上に座る練習から始めてもいい！

怖くて動きが止まってしまったり、ロイター板でうまくジャンプできなかったり、手をつく位置が手前すぎたりすると、跳び箱を跳び越えられず、上に座ってしまうことも…。

慣れないうちは、最初から跳び越そうと思わずに、跳び箱の上に座ってみることから始めてみましょう。
まずは恐怖心を取り除いてあげることが大切です。跳び越すよりも安心して挑戦できます。

これなら怖くない！

正しい跳び方（正面バージョン）

①指先は正面に向けて　②両足を大きく広げて　③両足をそろえて着地

4 立ち幅跳び

体力テスト該当種目

遠くへ跳べない。距離が伸びない…
→「腕の振り」＋「ひざの屈伸」で勢いをつける

遠くへ跳べない子の多くは、足の力だけで跳ぼうとしています。ひざを曲げ、腕を前後に大きく振ると、勢いがついて遠くに跳べるようになります。

✕ つまずきポイント　腕を動かしていない

- 腕でタイミングをとっていない
- 目線が下
- ひざが十分に曲がっていない

ダメな理由

立ち幅跳びは、走り込まずに前方へどのくらいジャンプをして跳べるかを測定する種目。腕の振りが弱いと勢いがつかず、遠くへ跳べない。

◯ よくなるコツ　腕のリードで体全体を前後に揺らす

解説

つま先に体重をかけて、「いーち、にーの」で腕を前後に振る。腕の振りとあわせて、ひざをしっかり曲げることで、踏切時の瞬発力を最大限に引き出せる。

跳ぶ距離を伸ばすコツ

立ち幅跳びの距離を伸ばすカギは、助走！
「いーち、にーの」を繰り返して「さん」で踏みきるタイミングをつかむことが大事。何度も繰り返し練習してみましょう。前回跳んだ距離に目印を置き（写真ではティシュ箱）、次回それを跳び越すように練習すると、距離を伸ばしやすいです。

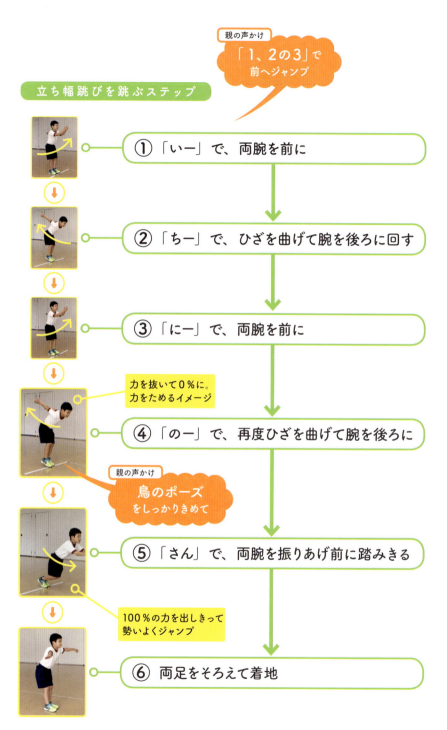

5 垂直跳び

体力テスト該当種目

高く跳べない。距離が伸びない…
➡ 「真上にジャンプ」「指先タッチ」が重要

高く跳べない子の多くは、手だけでタッチしようとしています。足の屈伸を使って、足の指先から手の指先までエネルギーを伝えましょう。

✕ つまずきポイント　手のひらで壁を叩いている

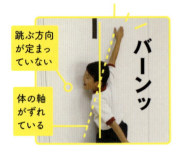

- 跳ぶ方向が定まっていない
- 体の軸がずれている
- バーンッ

ダメな理由

「まっすぐ上に」の意識がないと高く跳べない。手あたり次第に手を伸ばしても、ジャンプとタッチのタイミングがずれて、一番高い位置で手をつけない。

○ よくなるコツ　指先で軽くタッチ

解説

指先まで意識していると、腕が伸びて、より高く跳べるようになる。体の軸をイメージして、その延長線上に1cmでも高くタッチする。

腰ひねりタッチでプラス1cm

簡単に垂直跳びの距離を伸ばす方法があります。
「ジャンプ→腰をひねる→壁のほうを向いてタッチ」するだけで、横向きでタッチするよりも1cmほど距離が伸びます！
子どもが1人でできない場合は、大人が腰を持って腰をひねるタイミングや感覚を覚えさせてあげましょう。

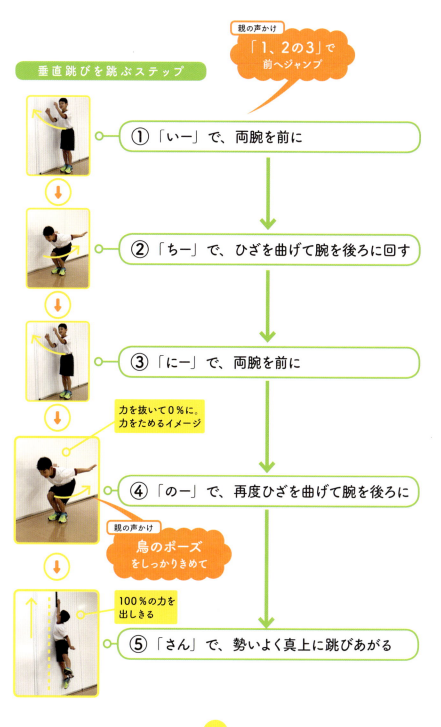

第 **4** 章

遊具を使い
こなすコツ

1 鉄棒：前回り

鉄棒の上で体を支えられない。逆さまの姿勢で回るのが怖い…
➡ 「体を丸めてゆっくり回る」で前回りはバッチリ！

鉄棒が苦手な子は、逆さになると下に落ちそうだからといって逆さになるのをいやがります。回っている間は、手を絶対に離さないように！

✗ つまずきポイント 1　腕で体を支えられない

1人で鉄棒に跳び乗れない
おなかで体重を支えている

ダメな理由

腕の力が足りなくて体を両腕で支えることができないと、鉄棒の上に体をのせることすらできない。

○ よくなるコツ　ひじを伸ばす

おへそを鉄棒につける
ひじをしっかり伸ばす
腕を肩幅に開く

親の声かけ
電線にとまっているツバメのように！

解説

つま先で地面を蹴り、鉄棒に跳びあがる。頭の先からつま先まで神経が行き届いて、手首、ひじ、肩がまっすぐ一直線になるように両腕で体を支える（ツバメポーズ）。

✕ つまずきポイント 2　怖くて回れない

棒の上で止まってしまう

体を丸められていない

ダメな理由

逆さになるのを怖がって手首に力を入れてしまうと、手首が硬まって思うように動かせない。結果、うまく回れない。

○ よくなるコツ　おでこをひざに近づける

ひざを見る

解説

まずは手首の力を抜く。ひざを見て、おでこをひざに近づけるイメージで、体を小さく丸めてゆっくり回れば落下しない。

親の声かけ
おでこでひざを追いかけるように！

回るのを怖がる子へのサポート

手でおでこを支えてあげると、下を向いたときの恐怖感がやわらぎます。

4　道具を使いこなすコツ

2

鉄棒：逆あがり

鉄棒に足があがらない。回れない…
➡ 「1、2、3のリズム」で足を振りあげれば必ず回れる！

逆あがりができない子の多くは、「腕の引きつけ」や「足の振りあげ」が足りません。これらをしっかりできるようになれば、必ず回れます。

①「いー」で前へ。鉄棒に近づく

②「ち」で後ろへ。鉄棒から離れる

③「にー」で前へ。鉄棒に近づく

④「の」で後ろへ。鉄棒から離れる

⑤「さん」で、パワー足[※1]を踏み込む

⑥スピード足[※2]を振りあげる

⑦体を小さく丸めて回転

⑧両腕に力を入れて上体を起こす

※1）パワー足：踏み込むほうの足　　※2）スピード足：振りあげるほうの足（P26の利き足と同じ足）

逆あがりのステップ

①〜④ 「いーち、にーの」で、前後に体を動かし、勢いをつける
助走をつけて回転スピードをUP！

⑤ 「さん」で、パワー足※1をドスンと地面に踏み込む
「の」で0％に抜いた力を、「さん」で100％出しきるイメージ！

⑥ スピード足※2を振りあげ、両足を鉄棒にのせる
スピード足が真上にくるギリギリまで、パワー足は浮かさない！

⑦ おでこをひざにくっつけるように小さく回転

⑧ ひじを伸ばして上体を起こす

4 道具を使いこなすコツ

順手と逆手、回りやすい握り方は？

腕力はないけれど腹筋・背筋が強い子には、順手がおすすめです。一方、腕力はあるけれど腹筋・背筋が弱い子には、力が入りやすい逆手がおすすめ。

順手

逆手

✕ つまずきポイント 1　足を前後に開いていない

ひじが曲がっている

鉄棒と体の距離が近すぎる

ダメな理由

両足をそろえて上下にジャンプしても、鉄棒に足があがらない。
鉄棒と胸の距離が近すぎてもNG。距離が短いと、体を引き寄せる力が生まれにくい。

○ よくなるコツ　スピード足を後ろに引く

胸と鉄棒の間を適度に離す

足を前後に開く

パワー足

スピード足

解説

パワー足（踏み込むほうの足）は、鉄棒の真下に。スピード足（振りあげるほうの足）は、後ろに引く。
胸と鉄棒の間を適度に離すことで、体をグッと鉄棒に引き寄せる力が加わって速く回転できる。回転スピードがあがると、足もあがりやすい。

親の声かけ
スピード足を後ろに構えて！

✕ つまずきポイント 2　力まかせに足をあげている

足を踏み込んでいない

ダメな理由

力まかせにスピード足を高くあげようとする子もいるが、力を入れすぎると、逆効果。
地面からの反発力が低下し、鉄棒に足があがらなくなる。

○ よくなるコツ　地面に力強くパワー足を踏み込む

ドスンッ！

解説

助走をつけてからパワー足を力強く踏み込むと、地面から反発力が得られるのでスピード足があがりやすくなる。
大切なのは、力ではなく、助走からのタイミング。

親の声かけ
パワー足を真上からドスン！

4　道具を使いこなすコツ

✕ つまずきポイント 3　両足をほぼ同時に振りあげてしまう

腰が落ちている

パワー足をためずに、すぐ振りあげようとしている

ダメな理由

スピード足が鉄棒の真上にくる前に、地面からパワー足を離してしまうと、腰が落ち、鉄棒に足があがらない。

○ よくなるコツ　スピード足が真上にくるまでパワー足を浮かさない

親の声かけ：両足を引き裂くように開こう

上下に足が開いた状態が理想的

解説

スピード足が鉄棒の真上にくるギリギリまで、パワー足を地面から離さず、ためておく。

回転時のサポートのコツ

腰とスピード足を支えてあげると回りやすくなります。回りきるまで手を添えてあげましょう。

ボールを吊って蹴る練習

足をあげる位置に「目印」をつくってあげると、高さの感覚がつかみやすくなります。
体を反りすぎると力が入らなくなるので注意！
絶えず鉄棒が視野に入るように意識しましょう。

コラム
逆あがりしやすい鉄棒の高さ

回りやすい高さには個人差がありますが、胸からおなかのラインまでの高さが、最も回りやすいです。
体重を体のどこにかけるタイプかによっても、回りやすい鉄棒の高さは変わってきます。

●**前足体重タイプ**
後ろからトンと肩を押されたとき前に倒れやすいタイプ。細身体型の人に多い。
→高め（胸の高さ）の鉄棒が回りやすい。

●**後ろ足体重タイプ**
後ろからトンと肩を押されても倒れない。どっしり体型の人に多い。
→低め（腰の高さ）の鉄棒が回りやすい。

3 うんてい

手を離すのが怖い。端から端まで渡りきれない…
→ 渡りきるコツは「前後にブラブラ揺れながら」

うんていが苦手な子は、自分の体を腕で支えるだけで精一杯。体を支えられる腕力をつけて、前後に体を揺らせるようになれば渡りきれます。

✕ つまずきポイント 1　棒から手を離せない

動けない
力が入りすぎている

ダメな理由

慣れていないと落ちるのが怖くて、自然と手に力が入る。つかまるのに必死で、棒から手を離せない子も多い。ただ、力を入れすぎると動けなくなる。

○ よくなるコツ　横移動からスタート

手は、順手で肩幅ぐらいに開く

親の声かけ
振り子のように体をゆらゆらさせて

解説

前方には難しくても、移動距離が短い横方向にだったらチャレンジしやすい。

初心者向けうんていの握り方

はじめのうちは、親指を下から回して握る方法がやりやすいです。

✗ つまずきポイント 2　前の棒に手が届かない

途中で止まってしまう

ダメな理由

手だけ前に伸ばそうとしても、勢いがついていないと前の棒に手が届かない。最初のうちは勢いがあって進めても、途中から手が出なくなってしまう。

○ よくなるコツ　体を前後に揺らす

親の声かけ
オラウータンのように手を下から上へ

解　説

体を振り子のように揺らすことで勢いがつき、腕が前に伸びやすくなる。サポート時は、子どもの腰を支えて前後にゆっくり揺らす。支えてあげると、手を離すことへの恐怖感がやわらぐ。

揺れやすい握り方

前後に揺れやすいのは、親指を上にかけた握り方です。

4　道具を使いこなすコツ

4 のぼりぼう

落ちるのが怖い。一番上まで登れない…
→ 両足の裏で棒を挟んだら、あとは上に登るだけ

棒にしがみつくのに必死で、体のどこを動かしたらいいのかわからない子が多いので、まずは足から動かし、手、足…の順で登ってみましょう。

✕ つまずきポイント 1　手の力だけでぶらさがっている

ぶらさがった状態

ダメな理由

手の力だけで体を支えるのは難しい。棒は握れても、足の使い方がわからず、棒からずり落ちてしまう子が多い。

○ よくなるコツ　両足の裏で棒を挟む

力の入り具合は「手：足＝3：7」の割合

両足の内側に力を入れる

足の裏でしっかり棒を挟む

親の声かけ
両足の内側に力を入れて！

解説

棒に足を絡めるよりも、足裏でしっかり棒を挟んで体を支えるほうが、上に移動しやすい。
足が滑りやすい子には、裸足がおすすめ。靴よりも滑りにくい。

✕ つまずきポイント 2　下に落ちるのが怖くて動けない

上に進めない

ダメな理由

手を離すと下に落ちてしまうのではないかと、怖くて力が入りすぎ、手を離せなくなってしまう子も多い。

〇 よくなるコツ　「足、手、足、手」の順番で上へ

解説

足を離しているときは、手でしっかり握る。手を離しているときは、足でしっかり挟む。この動作を繰り返す。

親の声かけ
尺取り虫のイメージで上に登ってみよう

ずり落ち防止　足元に握りこぶし

足の下に握りこぶしをあてて、ずり落ち防止。片手で支えられないときは両手を添えましょう。

4　道具を使いこなすコツ

5 自転車

補助輪が外れない。手元がふらつく…
→ 「バランス感覚」を鍛えるだけでスイスイこげる！

補助輪が外れない子に多いのが、倒れるのを怖がって下を向き、手元がグラついてしまうこと。前を見て視野を広げると安定するようになります。

✗ つまずきポイント 1　上半身が前に傾きすぎ

下を向いている
わきが開いている

ダメな理由

頭がさがると、上半身が前に傾いて、ひじが後ろにさがってわきが開く。前に傾くほど、わきが開いて、手元がふらつく。結果、バランスが取りづらくなる。

○ よくなるコツ　上半身を起こす

親の声かけ：両足でブランコをこぐイメージで

足をついて、踏ん張りながら地面を押す

解説

上半身を起こすと、わきが締まって自然とハンドルが固定される。
補助輪を外すには、ペダルを踏まずに両足キックで大きく前後に足を動かして前進する練習がおすすめ。ふらつかなくなればバランスがとれた証拠。

✕ つまずきポイント 2　手元がふらつく

- ハンドルばかり見ている
- 手元が傾いている

ダメな理由

ハンドルが体と平行になっていないと、手元がフラフラしてまっすぐ進めない。ハンドルを見すぎると、余計に力が入って、ふらついてしまう。

○ よくなるコツ　ハンドルと体を平行に

- ペダルをこぐときは、足裏のやや前方（つま先の方）で

親の声かけ
前方を車のライトで照らすように！

解説

体の軸がまっすぐになっていると、ふらつかずにこげる。まずは両手でハンドルを握り、体と平行になるよう安定させる。視線をあげ進行方向を見て！

ブレーキをかけるときの注意

片方のブレーキだけを強く握ると、車体が持ちあがる危険も…。後輪のブレーキを先にかけてから前輪のブレーキをかけると安心です。

補助輪なしでもふらつかない！　目閉じ片足バランス練習

体の軸をまっすぐにして、バランス感覚を養う練習。

まず、両手を広げ片足で立ち、目を閉じて姿勢をキープします。
ふらつかずに立っていられる時間が長くなれば、バランス感覚が身についた証拠。

自転車でもふらつかなくなるはず！

コラム
一輪車を練習するときのコツ

壁の横で一輪車にまたがり、壁に片手をついて停止。
少しずつ壁から手を離していきます。

安定しやすいように、子どもの片方の手を持って支えてあげるといいでしょう。

目線はあげて進行方向を見ながら、やや前傾姿勢でこぎます。

第 5 章

マット運動のコツ

1 マット運動：前転

まっすぐ前に回転できない…
➡ 重要なのは「手のつき方」と「頭のつく位置」

手と頭のつき方が悪くて、まっすぐ回れない子が多いですが、両手を左右平行について、おへそを見ながら小さく回れば、まっすぐ回れます！

マットの代わりに、敷布団やマットレスを使っても

前転のステップ

① 手を左右平行につく
② おへそを見ながら後頭部を床につける
③ 体を小さく丸めて勢いよく転がる
④ ひざを閉じて両足をそろえて回る
⑤ 両手を前に突き出すようにして足をつく

✕ つまずきポイント 1　手が前後に開いている

指がグー。
体に対して
斜め

ダメな理由
手の位置が左右平行になっていないと、体重をうまく支えられず、腕が曲がって斜めに回転してしまう。

○ よくなるコツ　手を左右平行につく

解説
手は肩幅に開いてパーの形。中指は前向きに。指を開いて体重をしっかり支える。
腰を少し浮かせると、前に回転しやすい。

親の声かけ
中指をまっすぐ前に向けて

✗ つまずきポイント 2　頭頂部を床につけている

背中がまっすぐ＆頭頂部でブレーキがかかる

ダメな理由
頭頂部で体重を支えると、身体が垂直になって背中からドスンと落ちてしまうことが多い。

○ よくなるコツ　後頭部を床につける

両手と後頭部を床にしっかりつける

解説
両ひざを閉じ、体を小さく丸めて、おへそを見ながら回る。
体を小さく丸めると、スピードを維持しやすい。

親の声かけ
タイヤが転がるように

✕ つまずきポイント 3　ひざが開いている

体が伸びている

ダメな理由
ひざが開いていると、体を小さく丸められない。体が伸びて、斜めに回転してしまう。

◯ よくなるコツ　両足をそろえて回る

解説
両ひざを閉じて、太ももからふくらはぎまでをそろえて回ると、回転方向がブレず、回転後も立ち上がりやすくなる。マットに縦のラインがある場合は、体の軸をラインに沿って回転させるように意識するといい。

親の声かけ
足の内側をピッタリくっつけて

5 マット運動のコツ

2 マット運動：後転

後ろに倒れるのが怖い。うまく回れない…
→「両手を開く」「腰をあげる」でまっすぐ回れる！

回れない子の多くは、見えない体の後ろ側へ転がることを怖がります。手のひらでしっかりマットを押して体を持ちあげると、うまく回れます。

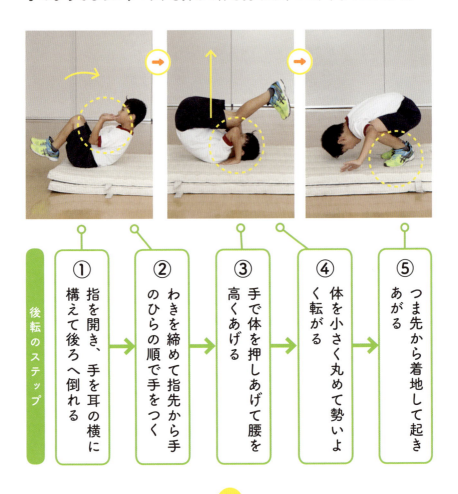

後転のステップ
① 指を開き、手を耳の横に構えて後ろへ倒れる
② わきを締めて指先から手のひらの順で手をつく
③ 手で体を押しあげて腰を高くあげる
④ 体を小さく丸めて勢いよく転がる
⑤ つま先から着地して起きあがる

❌ つまずきポイント 1　手がグーになっている

お尻が床についている

わきが開いている

ダメな理由

まっすぐ後ろに回れない子の多くは、手を自己流でついている。手を握った状態だと、床に手をついたときに体を支えられず、手首をひねる危険もある。お尻をついたままだと、勢いがつかず後ろに回りきれない。

⭕ よくなるコツ　指をしっかり開く

お尻は床から少しあげる

解説

指をしっかり開いて両手を上向きに。わきを締めて肩の位置に持っていき、「うさぎの耳」をつくる。

親の声かけ
両手を「うさぎの耳」に！

回りやすくする工夫

マットの端を折って高さを出し、回りやすくする方法も。折る代わりにタオルを重ねてもOK。

5　マット運動のコツ

✗ つまずきポイント 2 回転中に体が横に倒れてしまう

横に倒れている

後ろにまっすぐ回れない

ダメな理由

後ろに回ることに精一杯な状態。腕で体を支えて後ろにまっすぐ回ることに意識を向ける余裕がない。結果、グニャッと横に倒れてしまう。

○ よくなるコツ 両手で体を押しあげる

親の声かけ: 床を一瞬で突き放すように

解説

うさぎの耳をつくったまま後ろに倒れ、手のひらをマットにつく。
腰を上に高くあげ、腕で腰から下を力強く後方へ押しあげる。

腕で体を押しあげる練習 逆さ腕立て

子どもの背後に立ち、上と下から手のひらを合わせ、互いに押し合います。腕で体を押しあげる力を鍛える練習。

✗ つまずきポイント 3　ひざから着地してしまう

座り込んでいる

ダメな理由

ドスンとひざから着地すると、ひざ小僧を強打して怪我をする危険がある。

○ よくなるコツ　つま先から着地する

親の声かけ
つま先を頭の先に向けるように！

解説

腰を後方に回して、両ひざを閉じ、つま先から着地。つま先が床についていると、回転後に立ち上がりやすい。

後転でつま先から着地する練習
ゆりかご練習

首の後ろと足のすねに手を添えて、前後に揺らします。
徐々に勢いをつけて後ろに転がるぐらいに揺らし、つま先から着地する練習をさせてもOK。

3 倒立

逆さの状態でまっすぐに立てない…
→ 手首からつま先まで。全関節に力を入れてまっすぐに！

体をまっすぐにできない子が多いので、手首、ひじ、肩、背中、おなか、お尻、ひざ、足首、つま先、すべてに力を入れて伸ばす意識を持って。

✕ つまずきポイント　手首やひじが曲がっている

手首、ひじ、肩、背中、おなか、お尻、ひざ、足首、つま先が曲がっている

ダメな理由
関節が曲がっていると、力が入りにくく、腕で体を支えられない。

◯ よくなるコツ　手首、ひじ、ひざ、足首をまっすぐに

足首
ひざ
ひじ
手首

親の声かけ
体を縦一直線に伸ばして

解説
各々に、力がグッと入るように意識して、まっすぐ伸ばす。

手のつき方と目線の位置
両手を肩幅に開き、指を開いて八の字に。両手と目線を結ぶと三角形になる姿勢が安定します。

壁倒立の練習

●**方法1＿背中を壁に向ける**

①壁側を向いて、両手を肩幅に開き、指を開いて床につける。

②足を前後に構えて、片方の足を振りあげ、続いて、もう片方の足も振りあげる。

③手首、ひじ、肩、背中、おなか、お尻、ひざ、足首、つま先、すべてに一瞬で力を入れられるように意識。各部位が伸びると足が垂直にあがる。

壁に対して体がまっすぐになっている状態が理想的

体の部位を声に出しながら、力を入れると意識しやすい！

ひじ、かた…ひざ…

●**方法2＿おなかを壁に向ける**

①お尻を壁に向けて、両手を肩幅に開き、指を開いて床につける。

②徐々に壁に足をあげて、手を壁側に近づけて壁との距離を狭めていく。

※足を振りあげるのを怖がる子には、方法2がおすすめ。手足の動きを目で確認できるので、方法1よりも体の感覚を把握しやすい。

倒れにくいので、さほど怖くない

親の声かけ
「手、足」と声に出して！

4 側転

背中から倒れそうで怖い。手と足のつき方がわからない…
→「1、2、3、4、5」のリズムを意識すればヒョイッと回れる！

側転が苦手な子は、下半身を空中に持ちあげる感覚がわかりません。回転のリズムとタイミングをつかめたら、回れるようになります。

側転のステップ
① 片足を踏み込み、片手をつく
② 後ろ足を大きく振りあげる
③ 両手をつき、両足を真上にあげる
④ 手はハの字、目線は両手の間の三角形の頂点
⑤ 手で床を押して起きあがる

✕ つまずきポイント 1　腰が引ける＆回り方がわからない

手足のつき方が
わからない…！

ダメな理由
構え方や回転の仕方がわからず、踏み出せない。

○ よくなるコツ　踏み込み足をあげる

横向き

正面向き

解説
腕をあげ、踏み込み足を前にあげて勢いをつける。
構え方には横向きと正面向きがある。
横向きのほうが簡単なので、経験が浅い子にはおすすめ。

5　マット運動のコツ

利き目がわかると踏み込み足が決まる
片目ずつ対象物を見て、両目で見たときと位置が変わらないほうが、あなたの利き目です。
利き目が右目の場合、左回転がやりやすく、踏み込み足は左足（写真）。
一方、利き目が左目の場合は、右回転がやりやすく、踏み込み足は右足。

親の声かけ
横に回る
イメージで

よくなるコツ 1、2、3、4、5のリズムで回転

解説

手足をつく位置を意識して、1、2、3、4、5のリズムにあわせて手足を一直線につく。（写真は、右回転の場合。踏み込み足は右足）

① 「いち」で、構えのときにあげた足（右足）を勢いよく踏み込む。

② 「に」で、片手（右手）をつき、後ろの足（左足）を大きく振りあげる。

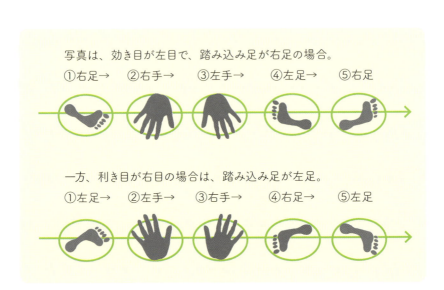

写真は、効き目が左目で、踏み込み足が右足の場合。
①右足→　②右手→　③左手→　④左足→　⑤右足

一方、利き目が右目の場合は、踏み込み足が左足。
①左足→　②左手→　③右手→　④右足→　⑤左足

> 親の声かけ
> 「1、2、3、4、5」を意識して回ろう！

③「さん」で両手をつき、両足を真上にあげる。

練習のヒント
立った状態からよりも、やや中腰の状態で床に手をついたほうが怖くありません。慣れないうちは、低い位置から構えてみましょう。

④「よん」で、片手（左手）で床をつき離し、片足（左足）を着地。

⑤「ご」で、両足を着地。

✗ つまずきポイント 2　足がまっすぐあがらない

ひざが曲がっている

足がさがっている

ダメな理由

足をあげて開脚できる姿勢をつくれないと、横に回る前に足がさがって地面についてしまう。
両手をつくまではできるけれど、横に足を運べない…という子の原因はこれ。

○ よくなるコツ　ひじとひざを伸ばしてエックスの形をつくる

解説

回転のリズム「1、2、3、4、5」の真ん中「3」にきたとき、エックスの姿勢をとれるかどうかが重要。
足の裏が真上にくるように意識して、手首、ひじ、肩、背中、おなか、お尻、ひざ、足首、つま先をまっすぐ伸ばす。
目線は手の間。倒立のときと同様に、三角形の頂点を見る。

親の声かけ
おへそを中心にエックスをつくって

足を振りあげる練習

ゴム紐をマットの下に通して上に引っ張り、二等辺三角形をつくります。
足がひっかからないように側転をさせ、足をあげる感覚を身につけさせましょう。

※写真は利き目が左目、右足から入っていく場合。
利き目が右目で、左足から入っていく場合は、紐を逆側に立って持ちましょう。

第 **6** 章

ボールを扱うコツ

1 ボールを投げる

体力テスト該当種目

遠くに素早く投げられない。ボールが予想外の方向へ…
→ 最後まで腕を振りきれば狙い通りに投げられる

正面を向いて手だけを振っても、うまくボールを投げられませんが、体を斜めに向けて、腰の回転で腕を振りきると、遠くへ速く投げられます。

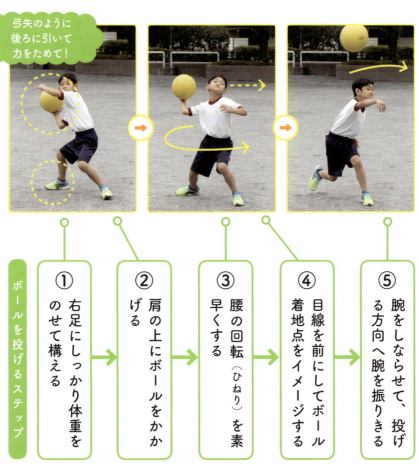

弓矢のように後ろに引いて力をためて！

ボールを投げるステップ
① 右足にしっかり体重をのせて構える
② 肩の上にボールをかかげる
③ 腰の回転（ひねり）を素早くする
④ 目線を前にしてボール着地点をイメージする
⑤ 腕をしならせて、投げる方向へ腕を振りきる

（右投げの場合）

✕ つまずきポイント 1　腕の力だけで投げている

ひじとひざがまっすぐ

上半身のひねりがない

ダメな理由

まっすぐ立った状態で、腕の力だけでボールを投げても、スピードが出ない。上半身をひねらないと反動が伝わらず、遠くには飛ばない。

〇 よくなるコツ　上半身をひねって投げる

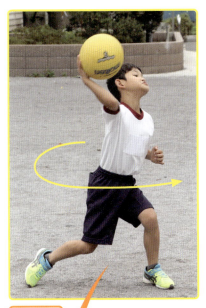

親の声かけ
腰の回転で体をひねるように！

解説

腕の力だけではなく、体全身のバネを使って投げる。ひじを肩よりも高く構え、体の後ろ側にボールを引きつけて上半身をひねりながら腕を振りかぶる。すると反動が加わり飛距離が伸びる。

握力強化の練習
新聞紙握りつぶし

新聞紙を両手に持ってボール状になるまで握ります。

6　ボールを扱うコツ

✕ つまずきポイント 2　狙った方向を見ていない

投げる目標から目を離している

ダメな理由

投げ始めから最後まで、目標から目を離さないようにしないと、狙った方向に投げられない。

○ よくなるコツ　投げきるまで目標を見続ける

親の声かけ
強い目力で目標を見つめよう！

解説

投げる前から投げきるまで、目標から目を離さないようにすると、投げる方向がブレない。最後まで腕を振りきることで方向が定まる。

投げないほうの手を指標に

ボールを投げたい方向へ体を向けます。ボールを投げないほうの手の指先を目標に向けます。そこを狙ってボールを投げると、ブレが小さくなります。

紙鉄砲で投げる練習

広告紙や新聞紙で紙鉄砲をつくって、投げる練習ができます。

三角の一方をつまんで、勢いよく振り降ろすと、「パンッ」と鉄砲のような音がするので、子どもも楽しんでできます。

紙が固いと開きにくいこ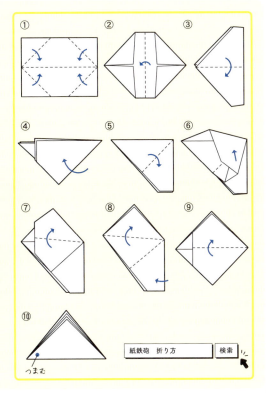とも…。繰り返しやって紙をしならせましょう。

小さいボールをうまく投げるコツ

親指、人差し指、中指の計3本の指でボールを支えて投げます。2本の指でしっかり支えて親指で固定します。
大きいボール同様、投げる方向を見定めて、腕を最後まで振りきると、狙った方向へ速く投げられます。

2 ボールをキャッチする

ボールがぶつかるのが怖くて、しっかり受け止められない…
→ キャッチのコツは「目と腕でしっかりとらえる」こと

向かってくるボールへの恐怖心があると、手だけを伸ばしてキャッチしようとしがち。ボールの正面に体を入れると、受け止めやすくなります。

✕ つまずきポイント1　手だけ伸ばしてキャッチ

ボールを見ていない

ダメな理由
ボールから遠ざかったり、ボールから目線を外していると、うまくキャッチすることができない。

〇 よくなるコツ　ボールの正面に体を移動

親の声かけ
自分が壁になったつもりで

解説
ひざを曲げて腰を落とし、真正面から飛んでくるボールを見るようにすると、ボールをキャッチしやすくなる。柔らかいボールだと、一層、受け止めやすい。

✕ つまずきポイント 2　ボールを横から挟んでいる

わきが開いている

ボールの上側を持っている

ダメな理由

ボールを横からキャッチすると、勢いが強いボールの場合、つかみきれず、はじいたり、落としたりしてしまうこともある。

◯ よくなるコツ　ボールを下から包み込む

親の声かけ
大切なものを落とさないイメージで

解説

わきを閉じて、下からボールを包み込むように全身で受け止めると、しっかりキャッチできる。

ボールの扱いに慣れるヒント

ボールを扱うのが苦手な子には、得意な動きから練習するのをおすすめします。
たとえばドッヂボールの場合、「投げる」「受けとる」「よける」の動きがあります。そのなかから得意なものを1つ選んで練習するのです。1つできると自信がつき、違う動きにも挑戦してみようと思えます。

3

ボールを手でドリブルする

ボールの方向が定まらない。高く弾みすぎる…
➡ 視線は進行方向。手に力を入れすぎない！

手のひらで叩いて、ボールを高く跳ね返らせてしまう子が多いです。力を抜いて、ひざと腕で跳ね返りを吸収するようにボールをつきましょう。

✗ つまずきポイント1　ひじや手首が伸びている

体とボールの間が広く開いている

ダメな理由

体とボールの間が広く開いていると、腕に力が入りすぎて、ボールに不自然な力が伝わる。結果、横に行ったり縦に弾んだりして、つきにくくなる。

○ よくなるコツ　ひじ、手首、ひざの力を抜く

解説

力を抜いて、手首、ひじ、ひざを軽く曲げる。
体のそばでボールをやさしくつくと、ついた場所から垂直にボールがあがってくるので連続してつきやすい。

親の声かけ
ひじ、手首、ひざの3カ所を意識！

✕ つまずきポイント 2　ボールばかり見ている

- 前のめりになりすぎ
- ボールから目が離せない
- つく位置が下すぎる

ダメな理由

ボールをつくことに集中してボールから目を離せずにいると、前進することに意識が向かず、足が動かなくなる。ボールをつく高さも低くなる。

◯ よくなるコツ　進行方向を見て前進

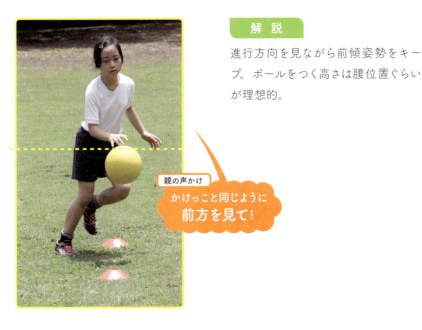

解説

進行方向を見ながら前傾姿勢をキープ。ボールをつく高さは腰位置ぐらいが理想的。

親の声かけ
かけっこ同じように前方を見て！

4 ボールを足で受ける・蹴る

足にボールがあたらない。思った方向に蹴れない…
→ 足の「内側」にボールをあてるとコントロールがきく！

足でボールを扱うのが苦手な子は、ボールをしっかり見ていません。ボールの正面に体を入れ中心に足をあてられると、狙った場所に飛ばせます。

✗ つまずきポイント 1　足だけを伸ばして止めようとしている

ギリギリ届くか…?

ダメな理由

足だけを伸ばして、確実にボールを足にあてることは難しい。足がボールに届かなかったり、あたりどころが悪くて止められないことも…。

○ よくなるコツ　ボールの正面に体を入れる

親の声かけ：ボールと体が一体になるように

解説

ボールの正面に体を移動させ、ひざの力を抜いて足の内側にあてて止める。

確実に止めるなら足裏で

足裏で上からボールを抑えつけるようにすると、しっかり止まります。

✕ つまずきポイント2　つま先で蹴ってパスしている

- 蹴り方が不自然
- 体に力が入っている

ダメな理由

がにまたの状態や、つま先でボールを蹴ると、狙った方向にボールが飛ばない。やさしくパスを出したいのに強くなってしまうことも…。

◯ よくなるコツ　足の内側で蹴ってパス

- 足の内側でボールの中心をキック
- ひざ下からつま先までの力を抜いて

解説

蹴る方向を見ながら方向を定めて蹴る。足の内側で蹴ると、力を吸収しやすく、コントロールしやすい。

親の声かけ
ボールの横を目と足でとらえよう

6　ボールを扱うコツ

✕ つまずきポイント 3　シュートのとき、つま先にあててしまう

体にムダな力が入っている

ダメな理由

つま先にひっかけると、ボールをふかしてしまうことも。
体に余計な力が入っていると、足をうまくボールにあてられず、力強いシュートが打てない。

○ よくなるコツ　足の甲にあててシュート

解説

ボールの横に軸足を置き、利き足を後ろに引く。利き足の甲にボールをあてるイメージで、力強くシュートするのが理想的。

親の声かけ
速く力強く蹴るイメージで

> コラム

キックの種類いろいろ

キックの種類を知っておくと、こんないいことがある！
いろいろな蹴り方を覚えておくと、サッカーのゲームのときに、どんなボールにも対応して素早く蹴り出すことができます。
サッカーをしない人も、運動能力を高めることができます。

●インサイドキック
蹴りたい方向に、体とつま先を向けて蹴るキック。
足の横（内側）にあてる。
足の内側を壁面ととらえて、線で押し出すイメージで蹴る。
一番コントロールよく蹴ることができる安定したキックで、近距離も中距離も、長距離も対応可能。

インサイドキック

●アウトサイドキック
近距離に素早くパスできる、足の外側で蹴るキック。
右足で蹴る場合、甲の右側の一点でとらえて、その一点にポンッとあてるイメージ。
左足の場合は、その逆。

アウトサイドキック

●インステップキック
力強くシュートしたり、遠距離にボールを出すときに使う。
親指のつけねから甲までの部分でボールをとらえる。
ひざ下からつま先までの力を抜いて、ボールの中心を蹴る。

インステップキック

●トゥキック
子どもが最初に覚える、つま先で蹴る蹴り方。ボールが遠くて足が届かないときなど、チョンッと前につま先を出せば届きそうなときに使える。
ただ、安定感がないので狙った場所には蹴りにくい。

トゥキック

5
ボールを足でドリブルする

足元に夢中で前進できない…
→ 重要なのは「体からボールを遠ざけない」こと

苦手な子は、ボールに振り回されてしまうことが多いようです。前方を見て、ゆったり大きくボールを蹴るようにすると、前進しやすくなります。

✕ つまずきポイント 1　ボールばかり見ている

目線が下

ダメな理由

足元ばかり見ていると、ボールコントロールに集中してしまい、前進することに意識が回らず、うまく前に進めない。
ボールもあちこちに行ってしまう。

○ よくなるコツ　進行方向を見て前進

親の声かけ
目で行き先を照らすように

解説

足元を見ないで目線は前に。どちらの足にあてるかにこだわらず、ボールを蹴って前進。視線が前だと、進行方向を見通せるので、予測を立てて蹴ることができる。

✕ つまずきポイント 2　足とボールの距離が広く開いている

ダメな理由
ボールが足から離れがち。距離が開いていると、ボールの中心を蹴るのが難しく、予想外のところへ蹴ってしまう可能性が高い。

ボールと体の距離が広い

○ よくなるコツ　体の近くでボールに細かくタッチ

解説
体とボールの距離が近いと、予想外の場所にボールが転がっていく回数が減る。さらに、自分の思った通りにコントロールしやすくなり、試合中も相手からボールを奪われにくくなる。

足の内側、外側でボールをキープ

親の声かけ
足とボールが
くっついているように

第 7 章

水泳のコツ

1 けのび・バタ足

バタ足しても前進しない。溺れているように見える…
→「体を一直線」にするだけでグンッと前進

できない子は、体に力が入って沈みがち。力を抜いて壁を蹴り、体を一本の線のように伸ばす感覚をつかみましょう。

✕ つまずきポイント1　ひじが曲がっている

顔があがっている

ダメな理由
体に力が入りすぎると下半身が沈んでしまう。ひじが曲がっていると、前に進まない。

〇 よくなるコツ　手先から足先まで一直線に

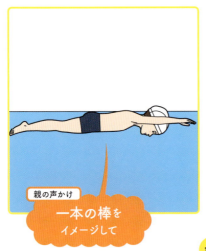

親の声かけ：一本の棒をイメージして

解説
全身の力を抜いてまっすぐ伸ばすと、水の抵抗が全身に均等にかかるので体が浮きやすい。顔は下向きで。

バタ足時の息つぎのコツ
水面に顔をあげるときに、正面で「パッ」と息を吐き、空気を吸い込むと、うまく息つぎできます。

✕ つまずきポイント 2　ひざを曲げすぎている

背中に水しぶきがかかっている

ダメな理由

ひざ下をどんなにバタバタと動かしても、ひざを曲げすぎていると蹴る力が体の上下に分散されるので、少ししか進まない。

◯ よくなるコツ　太もものつけねから大きくキック

体の後ろに水しぶきが飛べばOK

親の声かけ
後ろに力強くキック

解説

ひざや足首の力を抜いて、太もものつけねから足をしならせて大きくキックすると、グンッと前に進む。

うまく泳げているかcheck

壁に向かって手を伸ばしバタ足をします。壁に手がついたままなら、正しく泳げている証拠。
逆に、壁から手が離れてしまうと、泳ぎ方に問題がある証拠です。

7　水泳のコツ

コラム
まだ水に慣れていない子におすすめ！　泳ぎにつながる水遊び

●人間ボールつき

①子どもは、だるまになったイメージで、身を屈めて下向きに浮く。

②親は上からボールのように子どもの背中を手で軽く押す。

③子どもは少し沈んでから、力を抜いてプカーッと水面に浮く。これを繰り返す。

●チョウチョ横8の字

ひじと手首を使って、水中で「8の字」を描く。
水の抵抗を避けるように、手のひらで水をキャッチして馴染ませるイメージでしなやかに手を動かす。
8の字がうまく描けると、水面に渦巻きができる。

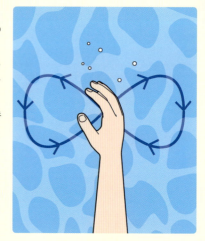

● ジャンプ呼吸

ジャンプ呼吸は、息継ぎの練習のために行います。
ボビングジャンプともいい、呼吸をしながら顔を水中と水上に出し入れをして、右図のような上下運動を繰り返し行います。

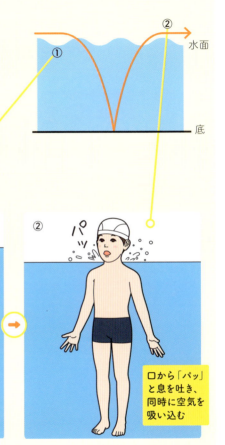

① 鼻からフーンと息を出す

水中に立ったあと、両手をあげながらひざを曲げて水中に沈んでいく。
このとき、鼻からフーンと息を出す。

② 口から「パッ」と息を吐き、同時に空気を吸い込む

体が全部沈んだところで、水底を蹴って、両手を横にかき水面に出る。
出たら正面で「パッ」と息を吐いて、空気を吸い込む。
このときに、自分で聞こえるぐらい口から「パッ」と息を吐き出すと、しっかり空気を吸うことができる。

2 クロール

進むスピードが遅い。息つぎがうまくできない…
→「水を縦にかく」「息つぎは横向き」でスピードUP

息つぎが苦手な子が多いです。顔を前にあげて呼吸すると体が沈んでしまうので、しっかり横を向いて息つぎができるようになればOK！

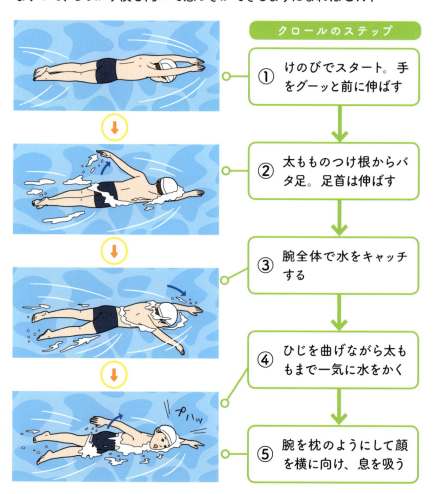

クロールのステップ

① けのびでスタート。手をグーッと前に伸ばす

② 太もものつけ根からバタ足。足首は伸ばす

③ 腕全体で水をキャッチする

④ ひじを曲げながら太ももまで一気に水をかく

⑤ 腕を枕のようにして顔を横に向け、息を吸う

✕ つまずきポイント 1　水を横にかいている

わきが開いている

ダメな理由

手の指の間が開いていると、水が通り抜けてしまいキャッチできない。
腕を横に動かすと、体の後ろではなく横に水が押しやられて、前に進まない。

○ よくなるコツ　腕を縦にかく

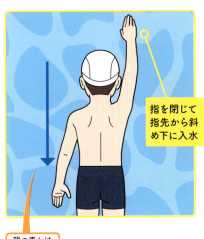

指を閉じて指先から斜め下に入水

親の声かけ
前から後ろへ水をかいて

解　説

体の軸に対し、まっすぐ後ろに水をかく。力を抜いて、縦に深く腕を動かし、手のひらで太ももの横までしっかり水をかききる。水の流れを意識して。

7　水泳のコツ

腕かきのヒント

前方に何か自分のほしいものがあって、それを手のひらで取りにいくイメージで、水に手を入れてみましょう。

❌ つまずきポイント 2　息つぎのとき顔が前にあがっている

あごがあがっている

ダメな理由

息苦しくなると、焦って正面に顔をあげて息を吸おうとしてしまう。

顔を正面にあげて息つぎをすると、上半身が起き上がり、下半身が沈んでしまう。

この姿勢で泳いでいる子は、水中でうまく息を吐けていない。

⭕ よくなるコツ　腕に耳をつけて息を吸う

親の声かけ
「パッ！」という声が聞こえるように

解説

水をかきながら上半身を回転させ、伸ばしているほうの腕に耳をつけ、横向きで寝そべるように口から息を吸う。

はじめは天井を見るぐらい顔を出してもOK。

息つぎの方向

はじめはやりやすい方向で。慣れてきたら左右交互が理想的です。はじめのうちは、ひとかきごとに1回息つぎ。慣れてきたら2〜3回かくごとに1回息つぎでもOK。

息つぎしやすい姿勢がある！

水をかくほうの手を最後まで目で追っていくと、横向きのしっかりとした息つぎの姿勢をつくれます。水面から顔を半分ぐらい出して後方を見るイメージで。

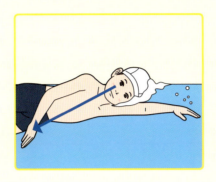

3 平泳ぎ

泳ぎ方がぎこちない。前に進まない…
→ 手足の動かし方をマスターできれば一気に上達！

苦手な子の多くは、足の甲で水を蹴っています。足の裏と内側で水をしっかりキャッチすれば、前に進みやすくなります。

✕ つまずきポイント 1　おなかの前で水をかいている

ダメな理由

おへそに向かって腕を引くと、ひじがさがりすぎて、下半身が沈みやすくなる。

○ よくなるコツ　胸元で逆ハートの形を描く

解説

ハートの先端から「胸元」に向けて両手をかきこむ。
水面に顔をつけ、ハートの先端めがけて腕を伸ばしながら、鼻から息を吐く。次に、腕を引き寄せるタイミングで顔をあげ、「パッ」と口を開いて息を吸う。これを繰り返す。

親の声かけ
逆ハートを描こう

✕ つまずきポイント 2　足の甲で水を蹴っている

ダメな理由

足の甲（赤い斜線の部分）で水を蹴っても、水しぶきがあがるだけで後方へ水を押しやることができない。

○ よくなるコツ　足裏で後ろに水をキック

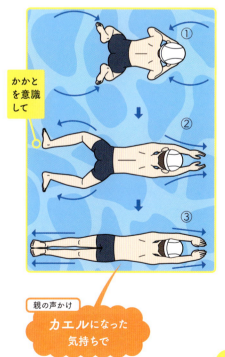

解説

①から③までの動きを繰り返す。

①引き寄せる：腕を内側にかきこむタイミングで、足をお尻に引きつける。

②足で丸を描く：腕を前に伸ばしながら、足指を外側に向けて外から大きく丸を描くように動かす。足裏全体で後ろにキックすると、水が押しやられて前進する。

③伸ばす：腕を前に伸ばしきるタイミングで、両足を閉じてまっすぐ伸ばす。

4 背泳ぎ

沈みがち。進みが悪い…
→「おへそをあげる」「水を横にかく」がカギ

うまく背泳ぎができない子は、下半身が沈みがち。おなかを水面に出すイメージで上に突き出すと、下半身が浮かんで泳ぎやすくなります。

✕ つまずきポイント 1　下半身がさがっている

ひじが曲がっている

ダメな理由

体が水面と平行に、まっすぐ一直線になっていないと、浮力が全身に均等にかからず沈んでしまう。

○ よくなるコツ　おへそを上に突き出す

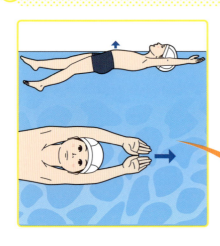

解説

おへそを水面に出すように意識すると、下半身があがり体が水面と平行に。足の甲で水を打つと、より浮きあがりやすくなる。

親の声かけ
ラッコのように力を抜いて

✕ つまずきポイント 2　水を下にかいている

水しぶきが
おなかに
かかっている

腕がまっすぐ上に
伸びていない

ダメな理由

腕の軌道が縦に深いと、水が後方ではなく、下から上に押しやられるので、前に進みにくい。

◯ よくなるコツ　水を横にかく

浅めの位置で

親の声かけ
**ボートのオールで
こぐように**

解説

水を手のひらで横後方へ押しやるようにかくと、進みやすくなる。「1、2」のリズムで左右交互に腕を回す。

仰向けを嫌がる子へのサポート

顔に水がかかるのを嫌がって、仰向けになりたがらない子もいます。そんなときは、力を抜かせて仰向けにさせ、後頭部と背中を支えると安定します。

7　水泳のコツ

第8章

運動嫌いな子を
やる気にさせる
コツ

運動したがらない子を動かすコツ

　運動したがらない子を動かすのは本当に大変ですよね。
　公園に行こうと誘っても、「いや!」の一点張り。ふざけて真面目にやってくれない。親としては教えるのがどんどん面倒に…。
　どうしたら、やる気のない子に運動をさせられるのでしょうか。

　その答えは、「得意を伸ばす」です。1つ完成形をつくってみると達成感を得られるので自信がつきます。やる気が出てくるので、次のステップにも進みやすくなります。
　現に、オリンピックや日本代表として活躍している選手たちは、すべての運動種目を上手にできるわけではありません。
　泳ぎが得意で数々の受賞経験があっても、陸の競技になると全くできない選手たちを、私は体育大学の学生時代によく目にしていました。その意外な光景によく驚かされた記憶があります。
　そして、輝かしいスポーツ人生を歩んできた選手たちは、「○○は小さい頃からずっと好きでやってきたけど、××に関しては全くやってないに等しいから…」と苦笑いしながら言っていたことも思い出されます。
　このように、すべてを完璧にする必要はありません。得意なところ、やりやすいことを伸ばしていけばよいのです。「ぼく(わたし)は何をやってもダメだから…」と自信を失わせないことが大切です。

　大人が口出ししすぎると、子どもはやる気をなくします。言葉数は少なめに、「ボール、さっきよりも飛んだね」などと結果だけ言葉で伝えてほめてあげてください。子どもの自主性を尊重して、やる気を見守りましょう。
　実は、子どものタイプにあわせてアプローチ方法を変えたほうが、伝わりやすいことがあります。その方法を紹介します。

TYPE 1 消極的な子には…

特徴
- おとなしい。言葉数が少ない
- 消極的。弱気
- 慎重。最初の一歩をなかなか踏み出せない
- 完璧主義
- 繊細
- できないことを言い訳しがち

ほめ方・誘い方

●達成までの過程を教えてあげる
できるようになるまで、人によって"かかる時間や回数"が違うだけ。あきらめなければ最後は誰でも必ずできるようになることを説明してあげましょう。

●上達度合いを客観認識させて自信を持たせてあげる
「今のは、どこがさっきより、よくなったと思う?」と問いかけて、子ども自身の言葉で答えさせ、よくなったところを認識させてあげるといいでしょう。

●ひとつひとつ丁寧にゆっくり教える
細分化して、「まずは、○○ね。できるかな?」と順を追って、コマ送りでひとつひとつ丁寧にゆっくり教えてあげます。

●「絶対に叱らない、怒らない」を徹底する
ママ(パパ)は、子どもへ「すぐにできなくても絶対に叱らないし、怒らないことを約束するから、○○も最後までがんばって一生懸命、練習しようね」と、最初に約束事を親子で共通理解しておきましょう。

TYPE 2 積極的な子には…

特徴
- 積極的で活発。何にでも自ら進んでチャレンジしようとする
- おしゃべり
- 好奇心旺盛。興味関心が幅広い
- ポジティブ。上手にできなくても楽しんでやる
- 強気、勝ち気

ほめ方・誘い方

●「本人にさせる→ほめる→アドバイス」の順が伝わる

自己流でどんどんやるので、大人の指摘を聞かないこともあります。ある程度できていたり、"自分でできる"という子には、まずは自由に本人にさせてみて、思いっきり「すごいね!!」とほめてあげましょう。
そのあと「もう1回見せて!」とリクエストし、最後に「もうちょっとだけ、○○したらもっとよくなると思うよ!」と改善点をアドバイスすると耳を貸してくれます。

●大人が教わる側になる

反対に、「○○のやり方、ママ(パパ)に教えて。どうやったらできるようになるの!?」と教わる場をつくり、先生役(子ども)と生徒役(ママ、パパ)に徹するとよいでしょう。

●競争や発表会…イベント的な演出を

どちらが先にできるようになるか競争する場や、親子発表会の日時を設定してやってみましょう。

気になる！ 「すぐにできる子」と「できない子」の違い

　「どんな運動もすぐにできるようになる子」は、ウチの子と何が違うのか、気になる親御さんも多いのではないでしょうか。
　25年間、色々なタイプの子どもと接してきて一番に感じることは、後天的につくられてきた"環境の質・運動量の違い"です。
　もちろん遺伝とする先天的なものも多少あるかと思いますが、環境要因が反映された結果、「すぐにできる」「できない」の二極化が生まれてしまうように感じています。

　「すぐにできる子」には、「できない」「難しい」などのネガティブ感情が運動において一切なく、すべてポジティブ思考です。
　でもそれは、親御さんの子どもへの接し方、幼少期の外遊び、相性のよい先生やコーチとなる指導者に恵まれたことも関連していると、私は考えています。
　親や指導者の「がんばりを認めるひと言」「本気でほめるひと言」「見守っているひと言」が、子どもたちの安心や自信に変わります。それが積極性につながり、何事にもチャレンジする精神が身につき、結果として「すぐにできる」感覚に結びつくのです。

　運動ができる親御さんの場合、「できて当たり前」と思っている節が強く、子どものがんばりを容易に認められないようです。
　でも、まずは今できていることをたくさんほめてあげてください。ボールを投げていることだってすごいこと。できていることや得意なことをたくさん認めてあげてください。ほめられると自信がついて、楽しいと思えるようになります。
　子どもは楽しくないものはやろうとしません。楽しければ勝手にやります。
　ときには親子で一緒に体を動かす機会をつくって、お子さんの様子を観察し、たくさんほめてあげてもらえたら…と思います。

8 運動嫌いな子をやる気にさせるコツ

家庭でできる簡単トレーニング

「子どもに体力や筋力をつけさせるために、走り込みにつきあってあげられたら理想的だけれど、そんな時間はないのよね…」

こんなとき、日々の生活のなかで、ついでにトレーニングができたら一石二鳥です！

ここでは、運動が苦手な親でも子どもと一緒にやってみようと思えるような、簡単にできるトレーニングを10種類紹介します。

はじめのうちは意識してやらなければならないので大変かもしれませんが、慣れてくると苦にならないものばかり。

親子のコミュニケーションツールとしてもおすすめです。

ぜひ、生活の一部として、とり入れてみてください！

コラム
家庭でできる簡単筋力チェック

発育途上の子どもは、部位によって筋力の発育にもかたよりがあるので、トレーニングをするとき、どこの筋力が足りないのかを明らかにしておくと、重点的にその筋力を鍛えることができます。

簡単に筋力測定ができる方法があるので紹介します。

まず、「おなか」「腕」など、部位を子どもに伝えて、そこにグッと集中して力を入れてもらいます。力が入れられているかどうかは、大人がその部位をさわって確認します。

力が入って硬くなっている場合は、神経が正常に働いている証拠。

やわらかい状態のまま力を入れられていない場合は、神経が未発達で運動神経が鈍いということです。

現時点で全然力が入らなくても、意識して力を入れる練習をしていけば、次第に力を入れたり抜いたりができるようになります。神経は強化できます。

神経が発達するにつれて、自然と筋力もついてきます。

靴紐結び伸縮

● 方法
立った姿勢から、ひざを曲げずに靴紐を縛る。しゃがまないところがポイント。

● 効果
・運動全般に効果あり
・足の柔軟性が鍛えられる

窓拭きお手伝い肩甲骨

● 方法
つま先立ちになって、肩甲骨を大きく使いながら、上下左右、大きく手を動かして窓を拭く。

● 効果
・走るときの腕振り、走るスピードにつながる
・ボールを投げるときの動き、コントロールにもつながってくる

8 運動嫌いな子をやる気にさせるコツ

つま先立ち歯磨き

●方法
背筋をまっすぐ、ふくらはぎに力を入れて歯を磨く。

●効果
・体全体のバランス感覚が鍛えられる
・走るときのスタートダッシュ（瞬発力）につながる
・2つの動きを入れることで脳トレにもつながる

※歯ブラシが、のどにつっかえないように気をつけましょう。

手首スナップ

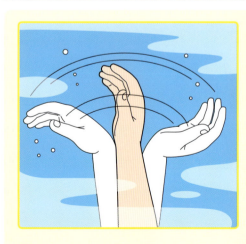

●方法
水中で手首のスナップを利かせて手のひらを左右に動かす。お風呂でやるといい。

●効果
・手首の柔軟性を強化
・ボール投げ、ボールつき、鉄棒での手首を回すスピードに活かせる

タオル股関節

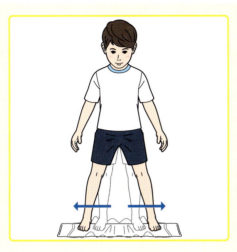

●方法
鍛えにくい太ももの内側の筋肉を鍛える練習。
ハンドタオルの上に両足で乗り、閉じて開く、を繰り返す。
(大人の場合は、足の開く幅が広いので、各足に1枚ずつ計2枚タオルを用意する)

●効果
・足の柔軟性、体の軸づくり、バランス感覚の強化
・歩いたり走るときの姿勢につながる

腹筋ふたり競争

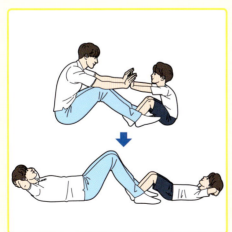

●方法
向かい合わせに体育座りをし、親は子どもの足を両足で挟んで固定。両手を合わせてから互いに後ろに倒れる、を繰り返す。

●効果
・運動全般に効果あり
・腹筋を鍛えられる
・前転の起きあがりに活かせる

8 運動嫌いな子をやる気にさせるコツ

パパママ駆けあがり

●方法
親子で向き合って両手をつなぐ。足で駆けあがらせ、くるっと回転。

●効果
・三半規管や回転感覚、バランス感覚を強化
・鉄棒（逆あがり）の回転に活かせる

手押し車

●方法
子どもの両足を持ち、腕立てで前進させる。

●効果
・腕力を強化
・ボール投げ、倒立、側転の体支持、跳び箱の開脚時の姿勢に活かせる

握りこぶしあごタッチ腕立て

●方法
あごの下に握りこぶしを2個重ね、あごでタッチさせる。こぶしを1個にしたり、2個にしたり、なくしたり…変化をつけて、とっさの判断力も鍛える。

●効果
・運動全般に効果あり
・腕力、瞬時に判断する反射神経、頭のきりかえ能力を強化
・鉄棒やボールを扱うときに活かせる

飛行機背筋

●方法
寝そべった子どもの背中に手をあてて抑え、手足を反り返らせる。

●効果
・運動全般に効果あり
・背筋力を強化
・歩く、走るなどの基礎姿勢強化
・側転やボール投げに活かせる

profile

水口高志（みずぐち・たかし）

体育家庭教師スポーティーワン代表。
元・日本体育大学非常勤講師。
1973年、静岡県生まれ。1993年、日本体育大学在学中より体育の個人指導を始め、2001年に体育家庭教師派遣会社「スポーティーワン」を設立。2005年、少人数制体育スクール「スポーティーワン教育プラス」を開講し、2008年4月には体育専門校「スポーティーワンアカデミー」開校。運動を通して"やればできる！"という気持ちを伝えるべく、心理カウンセラーの資格も生かして、3,000名以上の子どもたちに指導を行ってきた。
著書に、『体育が得意になる！パパとママのとっておきコーチ術』（メイツ出版）、『コツをつかんで苦手を克服！小学生のための体育基本レッスン』（朝日学生新聞社）などがある。

装幀：萩原弦一郎（256）
イラスト：内山弘隆
撮影：寺村貴彰
撮影協力：グローバル インディアン インターナショナルスクール

読むだけでどんな運動もできる子になる！

2018年9月25日 第1刷発行

著　者	水口高志
発行者	徳留 慶太郎
発行所	株式会社すばる舎
	〒170-0013 東京都豊島区東池袋3-9-7
	東池袋織本ビル
	TEL　03-3981-8651
	（代表）03-3981-0767（営業部直通）
	FAX　03-3981-8638
	URL　http://www.subarusya.jp/
	振替　00140-7-116563
印刷	シナノ印刷株式会社

落丁・乱丁本はお取り替えいたします
©Takashi Mizuguchi 2018 Printed in Japan
ISBN978-4-7991-0739-3